Ritsert
Soziale Klassen

EINSTIEGE 8

Grundbegriffe der Sozialphilosophie und Gesellschaftstheorie

Redaktion: H.G. Thien

Hans-Jürgen Ritsert, Dr. rer. pol., Jg. 1935, ist emeritierter Professor im Fachbereich Gesellschaftswissenschaften der Goethe-Universität in Frankfurt a. M. Seine Arbeitsschwerpunkte sind Sozialphilosophie, Gesellschaftstheorie und Logik der Sozialwissenschaften. Im Verlag Westfälisches Dampfboot erschienen u.a. *Einführung in die Logik der Sozialwissenschaften*, 2. Aufl. (Studienausgabe) Münster 2003, *Sozialphilosophie und Gesellschaftstheorie*, Münster 2004, sowie *Reichtum, Macht und Ehre*, Münster 2018.

Jürgen Ritsert

Soziale Klassen

Vollständige Überarbeitung
der Auflage von 1998

WESTFÄLISCHES DAMPFBOOT

Bibliografische Information der Deutschen Bibliothek
Die Deutsche Bibliothek verzeichnet diese Publikation in der Deutschen Nationalbibliografie; detaillierte bibliografische Daten sind im Internet über http://dnb.ddb.de abrufbar.

MIX
Papier | Fördert gute Waldnutzung
FSC® C003207

3., vollständig überarbeitete Auflage Münster 2026

Umschlag: Lütke Fahle Seifert AGD, Münster
Druck: Druckhaus Bechstein GmbH, Wetzlar
ISBN 978-3-89691-692-1

Inhalt

Kapitel 1
Die ungleichheitstheoretische Trias

Kontroversen über den geschichtlichen Ort der Klassen

Wollte man das ganze Für und Wider zusammenstellen, das jemals über die Stellung der sozialen Klassen in der Geschichte geschrieben wurde, so würden mehrere dicke Bände zusammenkommen. Sie wären unverkäuflich und wegen ihres Gewichts bestenfalls als Waffe im Klassenkampf verwendbar. Wollte man die gesamten theoretischen und empirischen Studien zusammentragen, die jemals im Zusammenhang mit dem Klassenbegriff und der Klassentheorie in Politik und Wissenschaft verhandelt wurden und werden, dann bekäme man es mit der nächsten schwergewichtigen Sammlung von Folianten zu tun. Zu den Standardkontroversen über Bedeutung und Brauchbarkeit des Klassenbegriff zählt die Frage, wann und wo er angesichts der historischen Verhältnisse am Platz war. Wie weit reicht also der geschichtliche Einzugsbereich des Klassenbegriffs? Innerhalb welcher Zeiträume oder Zeitabschnitten findet man in der geschichtlichen Wirklichkeit tatsächlich Klassen als eine Ausprägung *sozialer Diskrepanzen* vor? Unter „sozialen Diskrepanzen" verstehe ich Erscheinungsformen sozialer Ungleichheit auf gesamtgesellschaftlichem Niveau. „Schicht" ist ein anderer Grundbegriff der Soziologie, der eine gesamtgesellschaftliche Ungleichheitsstruktur erfassen soll. Nach dieser Vorstellung weisen ganz Gesellschaften eine Schichtstruktur – in Analogie zu *strata* als Gesteinsschichten auf. Die Gesellschaft ist *„stratifiziert"*. Die Auskünfte über den historischen Einzugsbereich des Klassenbegriffs lassen sich zwischen zwei Extrempunkten abtragen: Am einen Ende findet sich jene berühmte Aussage am Anfang des »Kommunistischen Manifests«, die da lautet: „Die Geschichte der bisherigen Gesellschaft ist die Geschichte von Klassenkämpfen."[1] Am anderen

1 MEW 4, S. 1 f.

Ende finden sich Variationen der Ansicht, Klassen hätte es – wenn überhaupt – nur zu ganz bestimmten Zeiten, vor allem zu Beginn des Prozesses der Industrialisierung in Europa, also im Zuge der Entstehung der modernen Industrie und des Industrieproletariats bis vielleicht zum Anfang des 20. Jahrhunderts gegeben. Mehr oder minder schnell soll dann der „Tod der Klassen" eingetreten sein.[2] Marxens historische Perspektive ist nach meiner Auffassung zu weit gefasst, der Blickwinkel all derjenigen, welche Klassen wenigstens in der Theorie abgeschafft haben, zu eng. Vielleicht ist die folgende These den tatsächlichen Gegebenheiten angemessener? Die gesamte Menschheitsgeschichte ist *keine* Geschichte der Klassenkämpfe. Es mag Personen mit Autorität – etwa aufgrund ihrer Erfolge bei der Jagd – in den Gruppen der Frühmenschen gegeben haben, aber ihnen eine Klassenstruktur – unter Voraussetzung eines noch zu erläuternden Klassenbegriffs – nachzusagen, erscheint als nicht besonders stichhaltig.

Es gab zu diesen frühen Zeiten nur geringe Möglichkeiten, Vorräte anzuhäufen, zu lagern und eine nennenswerte Vorratswirtschaft zu betreiben. Jagen und Sammeln führt eher zu einem Leben „von der Hand in den Mund." Ein über die vorhergehend „Wirtschaftsperiode" hinausgehendes Mehrprodukt, das akkumuliert (angehäuft) werden konnte, war – wenn überhaupt – allenfalls rudimentär verfügbar. Wohl aber erweist sich die Geschichte der *Zivilisationen* im Lichte der Untersuchung der Struktur und Entwicklung sozialer Diskrepanzen als eine Geschichte von Klassenkämpfen. Denn erst Zivilisationen, wie sie vor allem ca. 3.000 Jahre v. u. Z. in Mesopotamien entstehen und vergehen, verfügen auf der Basis des sesshaften Ackerbaus über ein nennenswertes Mehrprodukt und einen Anteil daran, der von den Herrengewalten zu Lasten und zum Schaden der meisten Gruppen der Bevölkerung appropriiert werden kann (s.u.). Dieser Anteil, den sich die Privilegierten aneignen wird im Folgenden als *Surplus* bezeichnet. Uruk im Zweistromland gilt als das erste große Zentrum von Handel und Verwaltung, aber auch von Privileg und weitereichender sozialer Deprivation. Es gab alsbald monarchische Zentralgewalten mit Adelscliquen, Priestern, Administratoren am Hof sowie in den Provinzen, Aufseher und stehende Heere. Hinzu kamen entwickeltere Formen der Arbeitsteilung, Handel und Fernhandel, Märkte und Geld, Urbanisierung, religiöse

2 Vgl. J. Pakulski and M. Waters: The Death of Class, London 1996.

Weltbilder, Schrift sowie die Regulierung des Geschlechterverhältnisses im Rahmen des Patriarchats. „Alle Geschichte der bisherigen *Zivilisationen* ist Geschichte der Klassenkämpfe als Kämpfe um das Surplusprodukt" – so könnte der klassentheoretische Grundsatz unter diesen Voraussetzungen lauten.

Der Gegenstandpunkt schiebt den Einzugsbereich des Klassenbegriffs historisch ganz eng zusammen: Klassen gab es vielleicht zu den Hochzeiten des Industrieproletariats und seiner manifesten Kämpfe z.B. um die Länge des Arbeitstages sowie um weitere Arbeitsbedingungen, aber zuvor fand sich in Europa die Ständegesellschaft vor, davor wiederum die antike Sklavengesellschaft. Die Klassengesellschaft geriet jedoch in den „Schmelztiegel" (Geiger), wodurch diese Erscheinungsform sozialer Diskrepanzen von „sozialen Schichten" abgelöst wurde und diese wiederum durch ganz „neue soziale Ungleichheiten." Deswegen bezeichnet Ulrich Beck den Klassenbegriff als einen „Zombiebegriff", der blind durch die Landschaft veralteter Klassentheorien und hilfloser Klassenkampfrhetoriken tappt. Die Folgerung lautet: Großgruppenkategorien wie „Klasse", dann aber auch „Schicht" als Erscheinungsformen sozialer Diskrepanzen seien unbrauchbar geworden. Denn sie tragen der Pluralisierung und Ausdifferenzierung der Lebensbedingungen und Lebensstile der modernen Menschen keine ausreichende Rechnung. Für die Kritiker der Klassentheorie folgt allerdings aus ihren Argumenten keineswegs mit Notwendigkeit, das Problem sozialer Ungleichheit als solches sei vom Tisch.

Die alten Römer hatten Klasse

Man kann Wurzeln des Klassenbegriffs mal wieder im alten Rom, im ganz alten Rom suchen und finden. „*Classis*" ist eine lateinische Vokabel, die Verschiedenes bedeutet: „Abteilung", „Heer", „Flotte" (*classis romana*) oder die Kriegstrompete, welche die Wehrfähigen zusammenrief. „Classis" meint aber auch eine „Vermögenklasse" im Anschluss an die sog. „servianische Zenturienrefom." Sie wird dem legendären altrömischen König Servius Tullius (gest. ca. 534 v. u. Z.) zugeschrieben. Es ging ihm um eine Reform des römischen Heeres. Das Geldvermögen oder das Ausmaß des Landbesitzes entschieden darüber, mit welcher Art der selbst gestellten Bewaffnung und Ausrüstung man zum Waffendienst herangezogen werden konnte.

Diese Einteilung spiegelt zugleich die Stellung wider, die bestimmte Gruppierungen auf den Ungleichheitsdimensionen *Reichtum, Macht* und *Ansehen* im damaligen Stadtstaat einnehmen:

1. Ganz oben standen die *classici*, die mindestens über 100.000 Einheiten der damaligen Währung *as* verfügen mussten. Sie hatten Rüstung, Lanze, Schwert und u.U. ein Pferd aufzubieten. Es gab auch Einteilungsvorschläge, die am entscheiden Produktionsmittel der damaligen Zeit, am Grund und Boden als Eigentum festgemacht waren. Der Rang wurde daher auch in *iugera* gemessen. (1 *iugerum* = 2,520 qm).
2. Unterhalb dieser *créme de la crème* wurden – je nach Überlieferung – vier oder fünf Größenklassen gebildet, deren Mitglieder jeweils 25.000 *as* weniger hatten als die Vermögensklasse darüber. Sie stellten Leichtbewaffnete.
3. Am unteren Ende der Hierarchie von Reichtum, Macht und Ehre (Ansehen) stand die große Masse der *proletarii.* Sie umfasste die Vermögenslosen und Unbewaffneten, die zunächst nicht in die Legionen eingezogen wurden. Der Name *proletarii* wird vom Begriff *proles* hergleitet. Darunter konnte zweierlei verstanden werden: Einerseits die Nachkommenschaft einer Sippe, andererseits eine Mannschaft junger Leute. Die Proletarier verfügten wahrlich über nicht viel mehr als die Häupter ihrer Nachkommenschaft. Deswegen wurden sie im damals eingeführten *census* auch *capite censi,* nach Häuptern Gezählte genannt. Aufgrund späterer Heeresformen wurden schließlich auch sie zum Militärdienst herangezogen. In einem langen ethymologischen Prozess nimmt der Begriff „Proletarier“ mehr und mehr die diskriminierende Bedeutung des „gemeinen Volkes“ an. In Begriffen wie *povel, bövel* oder *Pöbel* ist sie aufgehoben. Das Proletariat konnte sich jedoch hin und wieder in Aufständen bemerkbar machen und einiges für sich herausschlagen. Volkstribunen sollten ihnen in Rom eine Stimme geben.

Die Einteilungen im Interesse einer Reform der Hundertschaften im römischen Heer orientierten sich an Kategorien, von denen sich sagen lässt, sie durchzögen bis auf den heutigen Tag die Diskussionen über soziale Gleichheit und Ungleichheit. Es handelt sich um die Achse von *Reichtum, Macht und Ehre (Ansehen; Prestige*). „Macht, Reichtum, Ehre, selbst Gesundheit, und das ganze Wohlbefinden und Zufriedenheit mit seinem Zustande, unter dem Namen der

Glückseligkeit, machen Mut und hierdurch öfters auch Übermut, wo nicht ein guter Wille da ist ..."[3] Der berichtigende gute Wille ist derjenige, welcher die Würde des anderen Subjekts achtet, „Glückseligkeit" hingegen stellt für Kant den Inbegriff der erfüllten Neigungen einer Person dar. Die servianische Einteilung impliziert schon die drei weit verbreiten Kategorien der ungleichheitstheoretischen Trias:

- *Reichtum* bemisst sich bei der Zenturienreform am Grad der Verfügungsgewalt über Geldmittel oder Grundbesitz.
- *Macht:* Über die größte Macht verfügen die *classici* an der Spitze der Hierarchie. Es handelte sich meistens um Sippen, die einem Blutadel wie dem der Julier entstammen. Der Blutadel bildet im Kern das sogenannte „Patriziat".
- *Ehre.* Die Abstammung bestimmte entscheidend das gesellschaftliche Ansehen, wobei *honestas* die Doppelbedeutung von Adelsehre und Sittlichkeit (Würdigkeit) aufweisen konnte.

Einteilungen wie diese altüberlieferte wurden immer wieder als Überblick über die (historisch veränderten) Verhältnisse vorgeschlagen. So waren den Menschen im europäischen Mittelalter die in der gesellschaftlichen Realität äußerst folgenreichen Prinzipien der Standesordnung und Standesehre durchaus geläufig. An der Spitze standen (die ohnehin miteinander verschränkte) Gruppen des *Adels* (*Blut-* und *Schwertadel)* und des *Klerus* (Kirchenfürsten), darunter die *Stadtbürger* (Handwerker, Händler etc. eventuell auch Freibauern), danach die hörigen, wenn nicht in jedem Falle leibeigenen *Bauern.* Am Boden der Hierarchie findet sich der Stand der *Bettler.* Auch sie bildeten in der Tat einen Stand und waren in Bettlergilden organisiert. Zu beachten ist, dass diese Stände selbst in sich selbst gemäß den Prinzipien von Reichtum, Macht und Ansehen gegliedert waren. So gab es den oftmals verarmten Landadel, die kleinen Landpfarrer des Klerus, Landarbeiter ohne die berühmte „Scholle", worauf die Bauern pflanzten bzw. pflanzen durften. Die Handwerker beschäftigten oftmals regelrecht ausgebeutete Gesellen. Die großen Handelsherren hatten ihre Hilfskräfte (Kontoristen) etc. Die „Ehre" scheint auf den ersten Blick bei derartigen Standeseinteilungen das Hauptgewicht aufzuweisen.

---

3 I. Kant: Grundlegung zur Metaphysik der Sitten, Werke (Ed. Weischedel), Band 4, Darmstadt 1963, S. 18.

Wie immer auch sie auch zu differenzieren sein mag, die Klassifikation nach Ständen wirft der klassentheoretischen Argumentation Standardfragen auf: Bedeuten *Stände* eine gänzlich andere historische Erscheinungsform sozialer Diskrepanzen als *soziale Klassen* oder verkörpert auch die mittelalterliche Ständegesellschaft in Europa eine geschichtlich *spezifische* Ausprägung von *sozialen Klassen,* die damals als Stände erfahren wurden, weil es den Adligen ihrem Selbstverständnis nach um die Ehre ging? Sind die antiken Sklavengesellschaften ebenfalls Klassengesellschaften? Von der Antwort auf Fragen wie diese hängt natürlich die Möglichkeit ab, der These von der Geschichte der Zivilisationen als Geschichte der Kämpfe um das Surplus empirische Substanz zu verleihen.

Servius Tullius und die Bundesrepublik

Inzwischen werden Daten zur Beschreibung des Ungleichheitssystems einer Gesellschaft von statistischen Ämtern mittels aufwändiger Verfahren erhoben. Das Problem der Ordnung des Datenmaterials und die Einschätzung seiner Nähe oder Ferne zur gesellschaftlichen Wirklichkeit stellt sich natürlich auch in diesem Falle – eher verschärft. Doch wenn es um soziale Ungleichheit geht, wird man erneut auf Variationen der Trias Reichtum, Macht und Ehre oder auf Klassifikationen stoßen, die eine oder zwei dieser Dimensionen besonders betonen bzw. die eine oder die andere sogar auslassen.

Die umfassendste statistische Quelle zur Beschreibung der Lebenschancen und Lebensumstände in der Bundesrepublik stellt der Datenreport des Statistischen Bundesamtes dar. Im Datenreport 2018 findet sich eine Übersicht über „soziale Lagen" in der BRD. Es ist zwar nicht genau ersichtlich, auf welcher theoretischen Grundlage die Einteilung vorgenommen wurde – bestimmt auf keiner klassentheoretischen – aber die Hierarchisierung dieser (als faktisch angesehenen ?) sozialen Positionen bleibt weiterhin interessant. Ganz oben befinden sich die *leitenden Angestellten* sowie die *höheren Beamten.* Top sind etwas darunter auch die *hochqualifizierten Angestellten* und die *gehobene Beamtenschaft.* Danach kommt ein Ensemble mittlerer Lagen: *Qualifizierte Angestellte, mittlere Beamten.* Weitere Gruppen in dieser Lage sind die *Meister/-*

innen und die *Vorarbeiter/-innen.* Ebenso die *Facharbeiter/-innen.* Die *Selbständigen* (auch selbständige Landwirte) sowie die *freien Berufe* können sich über verschiedene Stufen der Hierarchie ausbreiten. „Selbständig" sind auch diejenigen Personen und Familien, welche über eine Aktienmehrheit wie bei BMW verfügen und zu den Milliardären in dieser Republik zählen. Am unteren Ende werden angeführt: *Arbeitslose, Hausfrauen/-männer, Studierende, Vorruheständler.* Doch ganz unten am Boden der Hierarchie finden sich verarmte *Vorruheständler, noch nie oder nicht Erwerbstätige, Rentnerinnen und Rentner (ehemalige Arbeiter oder Angestellte), ehemalige Selbständige.*[4] Mit all diesen sozialen Lagen sind natürlich ganz verschiedene Lebenschancen verwoben.

Was sind die impliziten Dimensionen, wonach diese Hierarchie geordnet wurde? Die zentrale Rolle spielt *Reichtum* in der Form des Geldeinkommens. Die Mittel für den Lebensunterhalt können an der Spitze in überreichem Maße vorhanden sein. In anderen Fällen wird es immer schwieriger, die Miete zu zahlen. Ganz am unteren Ende häufen sich die Fälle, wo es „gerade so" oder – wie bei der Altersarmut – in jeder Hinsicht *nicht reicht.* Auf diese Weise gesehen spielt die Ungleichheitsdimension des *Reichtums* eine wichtige, wenn auch keine durchweg eindeutige Zuordnungen erlaubende Rolle bei der Hierarchisierung in dieser spezifischen Sozialstatistik. Die Dimension der *Macht* bzw. *Herrschaft* schlägt sich ebenfalls in der Statistik nieder.[5] Da ist von „leitenden" Angestellten oder „höheren" (in der Besoldungshierarchie höheren) Beamten die Rede, die allesamt einer Reihe von Abhängigen den Kurs ihrer Tätigkeit vorgeben und deren Arbeit kontrollieren können. In der Mittellage findet sich z.B. die „mittlere Beamtenschaft". Das *Prestige* (die *Ehre*) ist implizit als Hierarchien des Ansehens der Berufsgruppen erkennbar. Das Prekariat wird nach der Art des Lumpenproletariats verachtet und diskriminiert.

Explizit „gemessen" wird das Berufsprestige aufgrund der Einordnung von Berufsgruppen durch (repräsentativ) Befragte in einer Hierarchie des Ansehens (Berufsprestige). Es ergeben sich Berufsprestigeskalen. Im Internet können die verschiedensten Quellen angezapft werde, welche Berufe z.B. nach der Höhe ihres

4 Datenreport des Statistischen Bundesamtes von 2018. Sozialbericht für Deutschland: Soziale Lagen, S. 256.

5 Einkommensstatistiken finden sich auf den Seiten 195 ff. des Datenreports.

Ansehens ordnen, das ihnen ein Prozentsatz der Bevölkerung zu- oder abspricht. An der Spitze stehen dann meistens Feuerwehrleute, Krankenpfleger/innen und Ärzte/Ärztinnen. Bankangestellte und Politiker, auch Versicherungsvertreter finden sich ganz unten wieder. Der Grad der Korrelation zwischen Ansehen und Einkommen ist bei bestimmten Berufsgruppen nicht sonderlich hoch. Das lehrt etwa die trotz ihrer Wertschätzung geringe Bezahlung von Pflegekräften oder Erzieherinnen.

Schon dieser kurze Hinweis kann als Beleg dafür dienen, dass die (mindestens) bis zu Servius Tullius zurückreichende ungleichheitstheoretische Trias von *Reichtum, Macht und Ehre* wenn auch mit verschiedenen Graden der Ausprägung und Gewichtung in die offiziellen Statistiken zur Beschreibung der „sozialen Lage" von Berufsgruppen eingelassen ist. Darauf wird natürlich besonders dann zurückgegriffen, wenn es um die Ungleichheitstruktur einer Gesellschaft geht. So gibt es beispielsweise eine Veröffentlichung der Hans-Böckler-Stiftung (Fassung vom 3.12.2024[6]), darin geht es in erster Linie um die Entwicklung der *Einkommensungleichheit* in der Bundesrepublik. Ein gebräuchliches Maß für Einkommensungleichheit ist der „Gini-Koeffizient", benannt nach dem italienischen Statistiker und Demographen Corrado Gini 1884–1965). Dieser Maßzahl liegt die „Lorenzkurve" zugrunde. (Urheber ist der amerikanische Statistiker Otto Lorenz (1876–1959).) Sie besagt, dass bei Einkommensgleichheit z.B. 10 % der Bevölkerung 10 % des Gesamteinkommens (nach Sozialtransfers) erhalten würden, kumulierte 50 % ebenfalls 50 % usf. Der Gini-Koeffizient hat den Wert 0, wenn alle das Gleiche beziehen. Beim Wert 1 würde eine einzige Person über den gesamten Kuchen verfügen. Nach einer Statistik des Bundeswirtschaftsministeriums verfügen in jüngster Zeit 10 % der Bevölkerung über 60 % des Gesamteinkommens. (Koeffizient 0,77). Die Maßzahl weist eine Tendenz zum Anstieg auf,

Armutsberichte illustrieren die Kehrseite dieser Medaille. Z.B. Die Untersuchung durch die Hans Böckler Stiftung belegt, dass der Anteil der Menschen in der Bundesrepublik, die unterhalb der Armutsgrenze leben, über die letzten Jahre hinweg stetig angestiegen ist. Die Armutsgrenze liegt bei 60 % des mittleren Einkommens der Bürger. (Als Mittelwert dient der Median, nicht das arithmetische

6 Siehe auch Böckler Impuls 19/2025: https://www.boeckler.de/de/boeckler-impuls-ungleichheit-steigt-vertrauen-sinkt-73391.htm

Mittel.) Für Alleinstehende waren dies 1.378 €, ein Wert, der für 15,5 % der Bevölkerung gilt.

Dieser Betrag hat bei einer vierköpfigen Familie mit zwei Kindern unter 14 Jahren die Höhe von 2.900 €. Inzwischen ist der Anteil der Bevölkerung, der unterhalb der Armutsschwelle lebt, auf 17,8 % gestiegen.

Kapitel 2
Klassifikation und Klassen

Der römische Zensus stützt sich wie jeder spätere auch rein logisch auf eine Klassifikation. Der Begriff der „Klasse“ wirft allemal das Problem des Zusammenhangs zwischen Annahmen über die tatsächlichen Merkmale von Gruppen und der Einordnung der Elemente einer Menge mit vergleichbaren empirischen Merkmalen auf. Für jede mengenlogische Begriffsbildung ist das Verfahren der *Abstraktion* unabdingbar. Es besteht bekanntlich in der „Absonderung alles übrigen, worin die gegebenen Vorstellungen sich unterscheiden“.[1] Klassifikationen können als Begriffshierarchien geordnet sein. Dann gibt es konkretere und abstraktere Begriffe.[2] Eine andere Einteilung, die auch Hegel in seiner „Logik des Begriffs“ wählt, verteilt die Begriffe einer hierarchischen Begriffsordnung über die logischen Stufen der *Allgemeinheit (Gattung), Besonderheit (Arten und Unterarten)* und der *Einzelheit (individuum).* Keines der Elemente einer Menge ist mit den anderen absolut *gleich.* Denn wären zwei Sachverhalte in allen Merkmalen einander völlig *gleich,* wirklich *völlig identisch,* so würde es sich nur um *ein und denselben* Sachverhalt handeln. Allein dieser schlichte Sachverhalt stiftet für Klassenanalysen Probleme der exakten Einordnung von empirischen Fällen in eine *logische* Klasse.

---

1 I. Kant: Logik. Werke in sechs Bänden (Ed. Weischedel), Band III, Darmstadt 1963, S. 525.

2 Dabei gilt das Gesetz der Inversion (Umkehrung) von Extension (Begriffsumfang) und Intension (Begriffsinhalt). „Inhalt und Umfang eines Begriffs stehen gegen einander in umgekehrten Verhältnisse. Je mehr nämlich ein Begriff unter sich enthält, desto weniger enthält er in sich und umgekehrt ... Der höhere Begriff heißt in Rücksicht seines niederen (Begriffs – J.R.) *Gattung* (genus); der niedere Begriff, in Ansehung seines höhern, *Art* (species).“

Gleichheit, Unterschiede und soziale Ungleichheit

Allein schon im Ausgang vom Elementarsten der elementaren Logik lassen sich direkte Verbindunglinien zum Diskurs über soziale Ungleichheit ziehen. Die Menschen als Einzelexemplare der Gattung *homo sapiens* mit einer Fülle gemeinsamer Merkmale sind überhaupt nicht *gleich* – vorausgesetzt, man versteht „Gleichheit" so wie sie im Falle des Satzes der Identität „A ist gleich A" (Mit-Sich-Selbst-Gleichheit) gemeint ist. Keine(r) kann nun einmal in *sämtlichen* Merkmalen mit auch nur einer anderen Person gleich sein. Nicht einmal eineiige Zwillinge. Gemeinsame Merkmale, die über die Zuordnung zu einer logischen Klasse entscheiden, gibt es natürlich. Doch nicht nur im politischen Wahnsystem von Pol Pot hat die vage Orientierung am Identitätskonzept als Gleichmacherei zu grauenvollen Folgen geführt. Der Terror während der französischen Revolution zielte teilweise in eine vergleichbare Richtung.

Die grundsätzlichen *Unterschiede* zwischen den Menschen sind wahrlich nicht zu vernachlässigen. Ihre Qualität und ihre Quantität sind unüberschaubar. In dieser Fülle menschlicher Unterschiede gibt es sehr viele, worum sich kein Mensch sonderlich kümmert. Was schert es mich, wenn jemand 1,81m und nicht 1,82 m groß ist? Ich behandele dies als einen (nicht nur für mich) *irrelevanten* Unterschied. Aber die Körpergröße kann in besonderen Situationen *sozial relevant* werden. So zum Beispiel beim Basketballspiel, bei dem die 1,97 m des Centers für viele Menschen, nicht nur für die Mitspieler sozial relevant sind.

Aber nicht alle *sozial relevanten Unterschiede* weisen den Charakter *sozialer Ungleichheiten* auf! Über die Relevanz oder Irrelevanz von Unterschieden zwischen den Menschen entscheiden Relevanzkriterien der Akteure, *für die* irgendeine Differenz zwischen Personen bedeutsam sind oder werden. Gutmütigkeit kann genauso für viele Menschen (auf positive Weise) sozial relevant werden wie Aggressivität (auf negative Weise). Beobachter können diese Tatbestände deskriptiv feststellen und festhalten (Beobachterstandpunkt), ohne die Relevanzkriterien der Akteure selbst (Aktorstandpunkt) teilen zu müssen. Das lässt sich jedoch bei sozialen Ungleichheiten nicht so einfach behaupten. Denn „Ungleichheit" stellt einen normativen Begriff dar und seine Gleichsetzung mit sozial relevanten Unterschieden bildet ein geläufiges Problem von Theorien sozialer Ungleichheit.

„Ungleichheit“ bedeutet auf sämtlichen Ebenen des menschlichen Mit- und Gegeneinanderlebens, von der Paarbeziehung bis hoch auf die Ebene der Sozialstruktur der Gesamtgesellschaft einen Vorteil von Personen oder Gruppen aufgrund ihrer Verfügungsgewalt über Mittel, die es ihnen erlauben, sich diese Privilegien zu Lasten und zum Schaden (*laesio*) anderer zu verschaffen und zu verwenden. Subjekte werden z.B. zu bloßen Mitteln für die eigenen selbstsüchtigen Zwecke instrumentalisiert.

Bei der Klassenanalyse geht es um historisch durchgängige und zugleich geschichtlich verschiedenartige Ausprägungen *sozialer Diskrepanzen.* Gemeint sind Gruppen, welche die Sozialstruktur des gesellschaftlichen Ganzen so prägen wie die Sklaven oder der „Oikosdespot“ (*pater familias*) die Hauswirtschaften der griechischen bzw. römischen Antike. Diese „Großgruppen“ (Beck) werden in den meisten Geschichtsschreibungen und von Klassentheorien als so real, wirklichkeitsprägend, angesehen – so wie die Vermögensklassen des Servius Tullius. Die *classici* gibt es ebenso wie die Plebs. In einer Zwischenposition befanden sich dann die Ritter (*equites*) der späteren römischen Republik. Sie mussten ebenfalls über ein bestimmtes Vermögen verfügen.

Aber es handelte und handelt sich dabei stets auch um mehr oder minder gezielte *Klassifikationen,* um die mengenlogische *Anordnung* von Gegebenheiten. Gezielte Anordnungen geschehen unter einem theoretischen oder praktischen Interesse und enthalten allemal einen Schuss Nominalismus. D.h.: Sie könnten immer auch anders vorgenommen werden. Warum wird der Abstand zwischen den altrömischen Klassen auf 25.000 *as* (oder dem Anteil von x *jugera* an Grund und Boden) festgelegt? Warum nicht in 50.000 *as,* wie jedoch bei ebenfalls vermutet wurde? Warum wird die Armutsgrenze bei 60 % des medianen Einkommens der Bundesbürger gezogen und nicht 50 %? Je nach dem Untersuchungsziel und den theoretischen Voraussetzungen, unter denen eine Klassenanalyse durchgeführt wird, können die Zahl und konkrete Darstellungen der „vorgefundenen“ Klassen ganz verschieden aussehen. Da kann es z.B. für ein Projekt über die Welt der „Arbeiter“ ausreichen, *manual and non-manual workers* zu unterscheiden. Eines ist dabei gewiss: Rein dichotomische Klassenmodelle bringen nicht sehr viel. Keine Klassengesellschaft hat jemals nur aus zwei Klassen bestanden. Wenn mit Dualismen wie „Lohnarbeit und Kapital“ (Arbeitnehmer und Arbeitgeber) oder „Grundherr und abhängiger Landsasse“ oder

„Herr und Knecht" gearbeitet wird, dann macht das guten Sinn bei der Kennzeichnung einer *Kernstruktur* von Macht und Herrschaft, während in der Wirklichkeit natürlich noch andere Klassen als diese geschichtlich prägenden vorzufinden sind.

Eines steht jedoch felsenfest: Auch Klassenanalysen bewegen sich von vornherein im ungleichheitstheoretischen Achsenkreuz von *Reichtum*, *Macht* und *Ehre*.

> „Denn, dass ein jeder lieber für sich das, was für den Lebensunterhalt wichtig ist, als für einen anderen gewinnen will, das ist ihm zugestanden, da die Natur dem nicht widerstreitet; dies aber duldet die Natur nicht, dass wir durch Beraubung anderer Mittel, Reichtum, Macht für uns vermehren."[3]

„Reichtum" kann dabei stets auch bedeuten, dass es fürs Leben reicht. So erlaubt das Naturrecht einem jeden Einzelnen, das für seinen Lebensunterhalt Notwendige zu erwerben und zu besitzen. Denn es ist

> „jeder Art von Lebewesen von der Natur gegeben, dass sie sich, ihr Leben und ihren Körper schützt, dem ausweicht, was schadenbringend scheint, und alles, was zum Leben notwendig ist, sucht und beschafft, wie Nahrung, Verstecke und anderes dergleichen mehr."[4]

Es gibt das legitime Interesse an Selbsterhaltung (*principium sese conservare*). Aber den eigenen Lebensbedingungen („Mittel"), den eigenen *Reichtum* und die eigene *Macht* durch die Appropriation von Mitteln und Leistungen anderer und dabei zu deren Last oder Schaden zu mehren, das widerspricht für Naturrechtstheoretiker der „Natur", dem Wesen des Menschen.

---

3 M. T. Cicero: De officiis – Vom pflichtgemäßen Handeln, Stuttgart 1976, S. 241.

4 A.a.O., S. 13.

Kapitel 3
Mehrprodukt und Surplusprodukt

Soziale Diskrepanzen

„Discrepantia" bedeutet im Latein ursprünglich ein Missverhältnis, eine Gegenläufigkeit oder eine Unstimmigkeit. Den im soziologischen Vokabular unüblichen Begriff *soziale Diskrepanz* habe ich gewählt, um so umständliche Kategorien wie „soziale Ungleichheiten auf gesamtgesellschaftlichem Niveau" zu vermeiden. Auf diese Weise verstanden bedeuten nicht nur Klassen, sondern z.B. auch das Patriarchat Erscheinungsformen historisch veränderlicher sozialer Diskrepanzen. Das Patriarchat ist geschichtlich älter als die Klassenstruktur von Zivilisationen. Daher ist der Begriff der „sozialen Diskrepanz" umfassender als Begriffe wie „sozialen Klasse" oder „Schicht", die *bestimmte* dieser Diskrepanzen erfassen sollen. Klassen setzen neben manch anderem bestimmte geschichtliche Errungenschaften in den Strategien und Techniken der Daseinsfürsorge voraus. Die Gruppen der Jäger und Sammler verfügten nur über geringe technische Möglichkeiten, Vorräte aufzuhäufen, sie zu lagern und damit hauszuhalten. Erst mit dem sesshaften Ackerbau gab es wirklich einschneidende Veränderungen in der Produktionsweise. So verlangt z.B. die Aufbewahrung von Saatgut Speicher – wenn man unter „Speicher" eine jede Art und Weise versteht, Produktions- und Lebensmittel für den Einsatz in einer späteren Wirtschaftsperiode aufzubewahren. Vorräte setzen *per definitionem* – zusammen mit Abzügen für „Ersatzinvestitionen" – mindestens über das Existenzminimum hinausreichende Wirtschaftsergebnisse voraus. Die Menge der Produkte und/oder Leistungen, die über das zur Reproduktion (zur Widerherstellung der Lebensbedingungen) der Gesellschaft auf dem bisherigen Niveau Aufzuwendende hinausreichen, werden *gesellschaftliches Mehrprodukt* genannt. Es geht um das heute vielbeschworene Wachstum, um einen Überschuss über die vorhergehende Wirtschaftsperiode überhaupt – im ökonomischen Sinn um einen Mehrertrag („Nettosozialprodukt").

Die Universalgeschichte der Gattung *homo sapiens* stellt – wie gesagt – *keine* Geschichte der Klassenkämpfe dar. Denn erst die antiken *Zivilisationen* verfügen über ein nennenswertes *Mehrprodukt,* das in erster Linie – aber nicht nur; denn es gab einen umfangreichen Handel und Fernhandel – aus der vorwiegend landwirtschaftlichen Produktion stammt.[1] Von diesem *Mehrprodukt* unterscheide ich das *Surplusprodukt* (den Surplus) in einem engeren Sinn. Es geht dabei um die Appropriation des oder Teile des gesellschaftlichen Mehrprodukts. Aber auch ein Gesamtprodukt ohne Überschuss kann der Appropriation anheimfallen.

Erst Zivilisationen verfügen über ein nennenswertes Mehrprodukt, das es erlaubt, die Schlüsselinstitutionen der Herrschaftsordnung aufrechtzuerhalten. Zivilisationen werden im Allgemeinen die folgenden Merkmale zugeschrieben:

- Es gibt politische Zentralgewalten (Hof der Könige, Pharaonen etc.).
- Administrative Apparate und politische Exekutiven (wie z.B. der Senat).[2]
- Militär.
- Märkte und Geldwirtschaft; Handel und Fernhandel.
- Entwickeltere Formen der Arbeitsteilung (z.B. Handwerker und Schreiber).
- Religiöse Weltbilder (Hochreligionen mit Priestern im Unterschied zu den frühen Schamanen, Druiden und Zauberern).
- Urbanisierung und Stadt-Landbeziehungen.
- „Auf dem Land" herrschte der sesshafte Ackerbau vor.
- Schrift, Zahlen und Zählungen.
- Das Patriarchat.

---

1 Marx verwendet den Begriff des Mehrprodukts anders als hier vorgeschlagen. „Den Teil des Produkts ..., worin sich der Mehrwert darstellt, nennen wir Mehrprodukt (surplus produce, produit net)." MEW 23, S. 243. Man kann m.E. doch auch sagen, es handele sich jedoch um denjenigen Anteil am Mehrprodukt, der im Kapitalismus als Mehrwert appropriiert wird. Das ist die historische Erscheinungsform des Surplus.

2 Die frühen Römer haben ihre Könige abgeschafft und stattdessen das Amt der Konsule eingeführt. In der Republik lag die Macht in einem erheblichen Ausmaß beim Senat, der sich vorwiegend aus dem Adel rekrutierte. Der Einfluss der Volkstribune schwankte und war umkämpft (vgl. das Schicksal der Gracchen).

Handel und Fernhandel gab es im großen Stil. Aber das System basierte entscheidend auf der agrarischen Klasse der Bauern und den Erträgen ihrer Arbeit. Oftmals war es auf welchen Wegen und mit welchen Mitteln auch immer Königen – wie dem Pharao – gelungen, einen gottgleichen Status zu erringen. Im Mittelalter entspricht dem das durch die katholische Kirche zementierte „Gottesgnadentum" des Monarchen.

Das Surplusprodukt – Ein Modell

Die elementaren Merkmale von Klassen in der Geschichte der Zivilisationen sollen hier anhand eins Modells zusammengefasst werden, das eine Reihe kontrafaktischer Annahmen enthält.

1. Die erste Annahme unterstellt es gäbe nur *zwei* Klassen, die im Anschluss an Hegel mit „Herr und Knecht" (Magd) bezeichnet werden sollen. In der Wirklichkeit gibt es mehrere Klassen
2. Abstraktion und Idealisierung bestimmen eine weitere Voraussetzung des Modells: Nur der Knecht und seine Familie (oder Sippe) leisteten gesellschaftlich notwendige Arbeit. Nur sie erbringen sämtliche gesellschaftlich notwendigen Zwecktätigkeiten zur Erzeugung von Produkten und/oder zur Erbringung von Diensten, die dem Erhalt des Lebens in der Gesellschaft zweckdienlich sind.
3. Die Mägde und Knechte sind in der Lage, sich das für die Reproduktion ihrer Existenz Lebensnotwendige (auf dem jeweiligen kulturellen Niveau) zu eigen zu machen, Dieser Prozess wird als Vorgang der *Aneignung* bezeichnet. Überlegungen im Hinblick auf unverzichtbares Privateigentum fallen in diesen Bereich.
4. Demgegenüber ist die Herrenklasse müßig oder übt ausschließlich die politischen und administrativen Herrschaftsfunktionen aus (bzw. lässt sie z.B. von Gutsverwaltern ausüben, um sich in Kämpfe um die Vorherrschaft innerhalb ihrer Klasse stürzen zu können). Der Herr arbeitet nicht. Er genießt die Früchte der knechtischen Arbeit „rein".[3]
5. Unter diesen Voraussetzungen ergibt sich: *Das Surplusprodukt besteht in demjenigen Anteil am gesellschaftlichen Mehrprodukt (Bruttosozialprodukt), aber oftmals auch am überschusslosen Ge-*

3 G. W. F. Hegel: WW 3, S. 151.

samtertrag einer Wirtschaftsperiode, den die Herrenklassen und ihre Fraktionen aufgrund ihrer Machtposition zu Lasten und zum Schaden des Knechtes (laesio) zu appropriieren vermag. Klassen wurzeln daher um Kampf (s.u.) um das Surplusprodukt.

Aneignung ist nicht gleich *Appropriation*! „Aneignung" bedeutet die Art und den Grad, sich das Lebensnotwendige (auf dem jeweiligen kulturellen Niveau) auf legitime Weise, ohne Manipulation, Zwang und Gewalt zu eigen machen zu können, „Appropriation" bedeutet „Bemächtigung", mithin die Chance, sich einen Anteil am Mehrprodukt (darauf sei die Betrachtung beschränkt) den legitimen Interessen, wenn nicht dem Widerstand abhängig Arbeitender entgegen, zu eigen machen zu können. Natürlich gibt es in der Menschheitsgeschichte immer wieder Fälle, in denen eine herrschende Klasse und ihre Interessen repräsentierenden Autokraten gelingt die breite Masse der Untertanen unter das Existenzminimum zu drücken. Aktuelle Beispiele liefern bestimmte Staaten in Lateinamerika und Afrika.

Unter den Voraussetzungen des Modells besteht die Gesamtarbeitszeit des Knechtes zu einem Teil in dem zeitlichen Aufwand für den eigenen Lebensunterhalt sowie für Mehrarbeiten zur Sicherstellung der „Gebrauchswerte" für die Gemeinde (Marx)[4]. Zu diesen Gebrauchswerten gehört zum Beispiel die Infrastruktur der Gesellschaft. Darüber hinaus ist er jedoch genötigt, als Abhängiger Arbeit *für den Herrn* zu leisten.

Der Kampf um das Surplusprodukt

Dass ein Interessen*gegensatz* zwischen Herr und Knecht besteht ist evident. Heutzutage lässt sich sagen, lohnabhängig Arbeitende und Kapitaleigner sitzen im gleichen Boot, rudern jedoch in die genau entgegengesetzte Richtung. Interessengegensätze können

4 Darunter sind Aufwendungen für den Fortbestand und die Verbesserung des Lebenszusammenhanges aller zu verstehen. Marx erwähnt in seiner »Kritik des Gothaer Programms« Reinvestitionen („Deckung zum Ersatz der verbrauchten Produktionsmittel"), diverse Versicherungen („Assekuranzfonds"), Verwaltungskosten für Schulen, Gesundheitseinrichtungen etc., Mittel zur Ausdehnung der Produktion, Fonds für Arbeitsunfähige, was damals „Armenpflege" hieß. MEW 19, S. 19.

latent bleiben. Extremfälle der Latenz zeigen sich als widerstandslos eingelebte Gewöhnung an die gegebenen Verhältnisse von Macht und Ohnmacht. Gar nicht so selten ist das Einverständnis in der Form einer Art manifesten Identifikation mit dem Aggressor oder wenigstens in Gestalt des „Legitimitätsglaubens“ der Abhängigen, d.h. im Glauben an die legitimen Befugnisse der Herrengewalten. Gleichwohl gibt es oftmals die kleinen Widerständigkeiten in der abhängigen Existenz. Auf dem Niveau sozialer Diskrepanzen, worauf sich die Klassen bewegen, werden die Interessengegensätze im „Kampf“ ausgetragen.

Es bringt nach meiner Auffassung wenig, beim „Klassenkampf“ ausschließlich an gewaltsame Auseinandersetzungen und revolutionäre Bewegungen zu denken. Viel sinnvoller erscheint der Gebrauch des Grundbegriffes „Kampf“ bei Max Weber. „*Kampf* soll eine soziale Beziehung insoweit heißen, als das Handeln in der Absicht der Durchsetzung des eignen Willens gegen Widerstand des oder der Partner orientiert ist.“[5] Wenn es tatsächlich nicht nur um gewaltförmige Machtkämpfe geht, dann können auch geregelte Auseinandersetzungen gemeint sein, wobei Individuen und/oder Gruppierungen gleichwohl versuchen, ihre Interessen gegen die anderer durchzusetzen oder im Kompromiss abzugleichen. Den Gegenpol zum gewaltgestützten Streben, den eigenen Willen gegen den Widerstand anderer womöglich in einem „Kampf auf Leben und Tod“ (Hegel) durchzusetzen, bilden also Interaktionen eines Typus, den Weber als „friedlichen Kampf“ bezeichnet. „Der »friedliche« Kampf soll »Konkurrenz« heißen, wenn er als formal friedliche Bewerbung um eigne Verfügungsgewalt über Chancen geführt wird, die auch andere begehren.“ Art und Inhalte der Kämpfe um das Surplusprodukt in den verschiedenen Formen der Auseinandersetzung verändern sich je nach der geschichtlichen Erscheinungsform des Surplusprodukts (etwa Grundrente im Unterschied zum Profit), je nach der geschichtlichen Ausprägung der in der Realität meist in sich fraktionierten Konfliktparteien, je nach der historischen Besonderheit ihrer Bedürfnisse, Interessen und Ideen (Ideologien), ihrer Mittel und Möglichkeiten gemeinsamen Handelns in konkreter Situation etc.

---

5 M. Weber: Wirtschaft und Gesellschaft. Grundriss der verstehenden Soziologie, 2 Halbbände (Ed. Winckelmann), Köln/Berlin 1956, Soziologische Grundbegriffe § 8.

Die große Streitfrage ist: Gilt Adornos Behauptung weiterhin: „Alle Gesellschaft ist noch Klassengesellschaft.“[6] Nach dieser Auffassung finden sich in allen Gesellschaften weiterhin die verschiedenartigen Kämpfe um das Surplusprodukt vor.

Zur Grundstruktur von Surplustheorien der Klassenformation

Die bisherigen Überlegungen lassen sich in einem einfachen Schema zusammenfassen:

Klasse I (Knecht/Magd) und *Klasse II (Herr)*

```
|-----------------|-------|......|----------| -----> (Wachstum: Akkumulation)
a                 b       c      c'         d
```

Erläuterung:

a – b = Notwendige Arbeitszeit. Arbeitszeit der Mägde und Knechte, die zur Reproduktion ihres Lebens notwendig ist. Das kulturell definierte Niveau der Klasse I kann ein Existenzminimum bedeuten, das geschichtlich ebenfalls oftmals unterschritten wird (Hungersnöte etc.).

b – c = Der Anteil an Mehrarbeit des Knechtes, der über die Reproduktionskosten seiner Familie hinausreicht, aber zum Erhalt und zur Erweiterung der „Gebrauchswerte für die Gemeinde“ erforderlich ist.

c – c' = Der Trennungsbereich zwischen notwendigen Arbeiten (a- c) und der Mehrarbeit für den Herrn ist nicht konstant, sondern stellt eine Funktion des Standes der geschichtlichen Kämpfe um das Surplusprodukt dar.

c' – d = Surplusarbeitszeit des Knechtes, die als Mehrarbeit für den Herrn verausgabt wird und deren Ergebnis vom Herrn aufgrund seiner Machtposition als Surplusprodukt (Güter und Dienste) *appropriiert* wird.

Die für ein Wachstum notwendige Arbeit kann man, solange sie nicht primär den Interessen des Herrn dienlich ist, ebenfalls dem Bereich b – c zurechnen.

---

6 Th. W. Adorno: Soziologische Schriften I, Frankfurt a.M. 1979, S. 15.

Dieses allgemeine Surplusschema ist in Marx' graphischen Darstellungen seiner Mehrwerttheorie aufgehoben.[7] Ein absoluter Mehrwert entsteht, wenn die Länge des Arbeitstages ausgedehnt wird.

> „Der Arbeitstag ist also keine konstante, sondern eine fließende Größe. Einer seiner Teile ist zwar bestimmt durch die beständige Reproduktion des Arbeiters selbst erheischte Arbeitszeit, aber seine Gesamtgröße wechselt mit der Länge oder Dauer der Mehrarbeit für den Herrn. Der Arbeitstag ist daher bestimmbar, aber an und für sich unbestimmt."

Bestimmt wird er nicht zuletzt durch den Ausgang der Kämpfe um die Länge des Arbeitstages bzw. der Wochenarbeitszeit. Eine „Minimalschranke" besteht in dem „Teil des Tages, den der Arbeiter notwendig zu seiner Selbsterhaltung arbeiten muss".[8] Der relative Mehrwert entsteht durch die „Ausfüllung der Poren des Arbeitstages" (Marx). D.h.: Leerzeiten werden verkürzt, Lagerkosten durch Lieferung *just in time* gemindert, der Warenumschlag beschleunigt. Kurzum: Es geht um verschiedene Rationalisierungsmaßnahmen, die durchweg ein Zeitmanagement voraussetzen. Eine erweiterte und differenziertere Möglichkeit, die Grundgedanken einer allgemeinen Surplustheorie der Klassenformierung bei Marx' wiederzufinden ergibt sich nach meiner Auffassung vor allem im Zuge einer Analyse der Kreislaufmodelle aus dem zweiten Band des »Kapital« (MEW 24: s.u.).

Das Schema impliziert jene zentrale These einer Surplustheorie der Klassenformierung: *Das Spezifikum der Klassen als Erscheinungsform von sozialen Diskrepanzen in der Geschichte der Menschheit ist der Kampf um das Surplusprodukt. „Kampf" musss dabei keineswegs zwangsläufig die gewaltförmige Auseinandersetzung bedeuten, sondern kann z.B. auch geregelte Auseinandersetzungen oder „friedlichen Wettbewerb" (Weber) bezeichnen.*[9]

Natürlich wirft diese Definition eine Reihe spezifischer Probleme auf. Z.B. Erik Olin Wright (1948–2019) merkt u.a. mit Recht an, dass der an sich einfache Vorschlag, unter kapitalistischem „Surplus" den Wert der Menge an Produkten und Diensten zu verstehen, deren sich der Kapitalherr nach Abzug der Reproduktionskosten für den

7 Vgl. MEW 23, S. 245 ff. und 331 ff.

8 MEW 23, S. 246.

9 Vgl. Max Weber: Soziologische Grundbegriffe § 8. I ders.: Wirtschaft und Gesellschaft (Studienausgabe in zwei Halbbänden; Ed. Winckelmann), Tübingen 1964 ff., S. 27.

lohnarbeitenden Knecht bemächtigen kann, verschiedener Differenzierungen bedarf. So können sich einige Lohnempfängerinnen und Lohnempfänger ein größeres Stück vom Kuchen abschneiden als andere und es unter Umständen „vollständig für einen extravaganten Lebensstil verschwenden."[10] Auf welche Kriterien lässt sich zurückgreifen, wenn der Grenzbereich c ... cl des allgemeinen Surplusmodelles näher bestimmt werden soll? Wright versucht, den Grenzbereich c ... cl des Surplusschemas als *kulturell* bestimmtes Mindestmaß des Lebensstandards abhängig Arbeitender zu bestimmen.[11]

> „Dieses (Mindestmaß – J.R.) kann etwas quer durch die verschiedenen Kategorien der Arbeitskraft variieren, da einige Erscheinungsformen der Arbeitskraft einen höheren Grad der Konsumtion erfordern, damit sie effektiv produziert und reproduziert wird ..."[12]

Gleichwohl: Eine messtechnisch völlig eindeutig festzulegende Trennungslinie zwischen den Reproduktionskosten der Arbeitskraft und ihrer Arbeit für den Herrn (Surplusarbeitszeit) gibt es ebenso wenig wie eine klare Abgrenzung zwischen Arbeiten und Diensten, welche zum Mehrprodukt beitragen und denjenigen, welche im Surplusprodukt ausmünden. Die empirische Forschung und Statistik der Gegenwart hilft sich angesichts dieser Probleme mit mehr oder minder komplexen Indikatoren. So werden beispielsweise die „normalen" Lebenshaltungskosten und Lebenschancen einer vom Lohneinkommen abhängigen Familie durch den sog. „Warenkorb eines 4-Personen-Arbeitnehmerhaushaltes" oder durch andere Merkmale von Personen bestimmt, die ein Einkommen aus abhängiger Arbeit beziehen. Die Zusammensetzung des Warenkorbs ändert sich im Zeitverlauf. Inzwischen muss da unbedingt ein Smartphone drin sein.

Wright gibt eine Antwort auf die Frage, ob nichtkapitalistische Gesellschaften vorheriger Zeiten als Klassengesellschaften angesehen werden können oder nicht. Die Sklavengesellschaft qualifiziert er aufgrund einer spezifischen Verschränkung von Eigentumsbeziehungen (*Aneignung*) mit Ausbeutungsstrategien (*Appropriation*):

---

10 E. O. Wright: Class Counts, Cambridge 1997, S. 15.

11 Marx spricht in diesem Falle vom Einfluss einer „moralischen Komponente", welche die Vorstellung von diesem Mindestmaß bestimmt.

12 A.a.O., S. 15.

> „Sklaventreiber und Sklaven bilden Klassen, weil die Ausbeutung (die Appropriation der Früchte der Arbeit des Sklaven durch den Sklaventreiber – J.R.) durch ein besonderes Eigentumsverhältnis (das Eigentumsrecht an Menschen – J.R.) erzeugt wird. Wohnungseigner und Obdachlose bilden keine Klassen, obwohl sie sich durch die Eigentumsrechte an Wohnungen unterscheiden; denn dieser Unterschied liefert keine Grundlage für die Ausbeutung der Obdachlosen durch die Wohnungseigentümer. In der kapitalistischen Gesellschaft gründet die zentrale Form der Ausbeutung in Eigentumsrechten an den Produktionsmitteln."[13]

Die Surplustheorie der Klassenformierung bietet offensichtlich ebenso viele Möglichkeiten der Erweiterung und Differenzierungen wie für scharfe gesinnungsethische Konflikte über die wahre Lehre.

13 A.a.O., S. 17.

Kapitel 4
Paradigmatische Klassentheorien

Das Adjektiv „paradigmatisch" lässt sich u.a. als „beispielhaft" oder „beispielgebend" übersetzen. Ich wähle Textstellen von drei Autoren aus, die als „paradigmatisch" für spätere Diskussionen über die Klassenstruktur der Moderne gelten können. Darauf wird immer wieder bestätigend, erweiternd und verändernd zurückgegriffen, wenn es um Diskussionen über gegenwärtige soziale Diskrepanzen und soziale Ungleichheiten geht oder aber sie dienen als Kontrastfolie für Kritiken an diesen Autoren oder für Zurückweisungen der Klassentheorie.

Karl Marx

Keine Diskussion über Klassen ohne einen Rückgriff auf oder die Konfrontation mit der Kritik der politischen Ökonomie von Marx. Damit taucht zugleich ein Zusatzproblem auf: „Den" Klassenbegriff von Marx gibt es im Grunde nicht. Es gibt nur eine Fülle von teilweise gegenläufigen Antworten auf die Frage nach seinem Gehalt, woran sich in den 60er und 70er Jahren des vorigen Jahrhunderts teilweise erbitterte Kontroversen über die wahre Lehre von Marx im Allgemeinen und seinen Klassenbegriff im Besonderen hefteten. Natürlich gab und gibt es auch einige Übereinstimmungen bei den verschiedenen Deutungshypothesen, die dem Geist der Vorlage gerecht werden wollen. Ich denke z.B., dass niemand ernsthaft mehr an dem Klischee festhält, Marx arbeite mit einem „dichotomischen Zweiklassenmodell", weil die Analyse des Verhältnisses von Lohnarbeit und Kapital für seine Kapitalismusanalyse in der Tat konstitutiv ist. Bei diesem mitunter sogenannten „Grundwiderspruch" handelt es sich um die *Kernstruktur* einer Gesellschaftsformation und nicht um alles, was sich im Anschluss an Marx' Lehre über soziale Klassen sagen lässt. Aus deren Aussagen folgt auf keinen geraden logischen Wegen, es gäbe keine weiteren Klassen in der Gesellschaft. *Non sequitur.* Von ganz anderem Kaliber ist jedoch die damit sofort aufgeworfene Frage: Schön und gut, aber wie ist die damit unterstellte Vielfalt von Klassen im Rahmen der Kritik der politischen Ökonomie näher zu kennzeichnen? An dieser Stelle kommen wiederum verschiedene Deutungshypothesen ins Spiel. Die in diesem Essay vertretene schließt an die Kreislaufanalysen im zweiten Band des »Kapital« (MEW 24) an.

Der Gesamtprozess der Reproduktion des Kapitals

„Betrachten wir nun die Gesamtbewegung G – W ... P ... W' – G', oder ihre explizite Form G – W <Ak/Pm ... P ... W (W + w) – G (G + g). Das Kapital erscheint hier als ein Wert, der eine Reihe zusammenhängender, durch einander bedingter Verwandlungen durchläuft, eine Reihe von Metamorphosen, die ebenso viele Phasen oder Stadien eines Gesamtprozesses bilden.“[1] Den Ausgangspunkt dieses Kreislaufes bildet die Sphäre der Produktion von Waren und Dienstleistungen in Betrieben als Schlüsselinstitution der kapitalistischen Ökonomie = P. Danach – so ist zu ergänzen – müssen die Waren durch Transportleistungen auf „die Märkte“ gebraucht werden. Dort soll der Wert der Ware samt ihrem Mehrwert (W + w) „vermarktet“, verwertet, zu Geld gemacht werden. Dabei geht es also immer auch um die Realisierung des Mehrwertanteils (w). Absolut sicher ist die gelingende Realisierung von Wert und Mehrwert nur im Falle des uneingeschränkten Monopols. Abgesehen davon offenbart sich an dieser Stelle ein Krisenpotential innerhalb des Kreislaufes. Insgesamt sind die Phasenübergänge nicht gesetzmäßig notwendig garantiert. Bei der angeführten Darstellung des Gesamtkreislaufes lassen sich drei Teilprozesse als Implikat der Gesamtbewegung unterscheiden:

(1.) Der Produktionsprozess P als zusammenfassender Ausdruck für die Herstellungsvorgänge in Betrieben.

(2.) Der Zirkulationsprozess I. Er entspricht dem, was heutzutage „der Markt“ oder „die Märkte“ genannt wird. Gemeint ist der Bereich, in dem es um Verkäufe im Interesse einer Steigerung des Umsatzes geht.

---

1 MEW 24, S. 56.

(3.) Durch den Konsum und empfangene Dienstleistungen fallen gekaufte Waren und Dienste aus dem Kreislauf heraus. Aber das Geld dafür geht an die Betriebe.

(4.) Als letzte Phase ist der Zirkulationsprozess II zu betrachten: In diesem Teilprozess geht es um die Reinvestition und dabei zugleich um sämtliche Organisationen und Regelungen, welche es den Betrieben ermöglichen sollen, den Produktionsprozess fortzusetzen: Versicherungen, Kanzleien, Banken und Börsen, Werbeagenturen etc. Es soll den Betrieben ermöglicht werden, die nötigen Investitionen in Arbeitskräfte (Ak) und Produktionsmittel (Pm) reibungsloser zu tätigen. Als ein in den Gesamtverlauf investiertes Ziel kann man die „Reproduktion auf erweiterter Stufenleiter" (Marx) – heute heißt das: „Wachstum" – ansehen (Akkumulation). Aber die dem Kreislauf immanenten Krisenpotentiale lassen es durchweg als möglich erscheinen, dass Stagnation oder gar eine Rezession mit Arbeitslosigkeiten und Unternehmenszusammenbrüche eintritt. Diese idealtypisierte Darstellung erlaubt schon die nähere Kennzeichnung mehrerer Klassenlagen.

Klassenlagen im Kapitalismus

Der Gesamtkreislauf des Kapitals bildet eine Einheit von Arbeitsprozess und Verwertungsprozess. „Im Arbeitsprozess bewirkt also die Tätigkeit des Menschen durch das Arbeitsmittel eine von vornherein bezweckte Veränderung des Arbeitsgegenstandes. Der Prozess erlischt im Produkt."[2] Er erfordert ganz allgemein gesellschaftlich relevante Zwecktätigkeiten der Individuen. Der Verwertungsprozess verleiht dem lebensnotwendigen Arbeitsprozess hingegen seinen spezifischen Charakter innerhalb der *kapitalistischen Ungleichheitsstruktur* und „Ungleichheitstruktur" bedeutet: *im Achsenkreuz von Reichtum, Macht und Ehre.*

> „Als Einheit von Arbeitsprozess und Wertbildungsprozess ist der Produktionsprozess (ein spezifischer – J.R.) Produktionsprozess von Waren; als Einheit von Arbeitsprozess und Verwertungsprozess ist er kapitalistischer Produktionsprozess, kapitalistische Form der Warenproduktion."[3]

---

2 MEW 23, S. 195.

3 MEW 23, S. 211.

Der Gesamtprozess dreht sich letztlich um die Erzeugung und Appropriation von Mehrwert, mit anderen Worten: um den *Profit.* Diesen Gesamtprozess des Kapitals setze ich mit dem gleich, was Marx die *materielle Basis* der kapitalistischen Gesellschaft nennt. Materielle Reproduktionsprozesse in ihren verschiedenen historischen Formbestimmungen verkörpern zusammen mit dem Reproduktionsprozess von Gesellschaften im Geschlechter- und Generationenverhältnis das *gesellschaftliche Sein.*

Als *materielle Lage* einer Gruppierung kann ihre Position im Reproduktionsprozess bezeichnet werden, auf der diese Gruppe ihre Zwecktätigkeiten ausübt. Heutzutage sind mit diesen Positionen Berufsrollen verbunden. Sie gibt es etwa die Position der Transportarbeiter, weil die Waren nicht von selbst auf den Markt gehen können. *Die materielle Lage einer Gruppierung als Stellung im ökonomischen Reproduktionsprozess der Gesellschaft bedeutet in dem Falle ihre* Klassenlage, *wenn sie Bestandteil eines Prozesses ist, der sich um die Appropriation des Surplus im Allgemeinen, um die Appropriation des Mehrwerts im Kapitalismus (kapitalistisch formbestimmter Surplus) im Besonderen dreht.*

Klassenbewusstsein

Als *Klassenbewusstsein* lassen sich all diejenigen Bestandteile des kulturellen Überbaus ansehen, welche bei einer Gruppe als latentes oder manifestes Problembewusstsein im Hinblick auf ihre materielle Problemsituation bzw. im Hinblick auf ihre materielle Lage in vergleichbarer Form völlig verbreitet sind. Dazu lassen sich zudem die Arten und Weisen der Vertretung gruppenspezifischer Interessen rechnen, die ihnen ebenfalls gar nicht (voll) bewusst zu sein brauchen. Das Klassenbewusstsein ist alles andere als homogen und kann eigensinnige Entwicklungen und Folgen aufweisen. D.h.: Es stellt nicht einfach nur einen kausalen Effekt der materiellen Basis dar.

Klassenhandeln

Klassenhandeln kann – um die Ketzereien zu mehren – vielleicht als ein Typus von Maßnahmen und Vorgehensweisen verstanden werden, der sich Gruppen in einer bestimmten Klassenlage zurechnen lässt. Klassenhandeln ist nicht einfach gleich dem revolutionären Handeln mit dem Aufstieg auf die Barrikaden oder einem gewaltförmigen Aufstand. Klassenhandeln betrifft vielmehr all jene Aktionen, welche innerlich oder äußerlich mit den Kämpfen um das Surplusprodukt im Zusammenhang stehen und auf den verschiedensten Ebenen der Gesellschaft sowie mit verschiedener Intensität stattfinden. Auch in diesem Falle kommt es darauf an, festzustellen, inwieweit eine Gruppe in vergleichbarer Lage im Reproduktionsprozess auf eine meistens nicht homogene, aber dennoch vergleichbare Weise handelt.

Ebenen der Konkretion einer Klassenanalyse

Der Rückgriff auf die Kreislaufanalyse von MEW 24 erlaubt die Aussagen über die Klassenstruktur des Kapitalismus auf verschiedenen Ebenen der Konkretion. An Marx' Kreislaufschema des Kapitals (s.o.) anschließend, lassen sich auf dieser abstraktesten Ebene schon *vier* Klassen unterscheiden: Lohnarbeiter (Lohn- und Gehaltsabhängige), Kapitalisten, „Zirkulationsagenten" (Marx) in der Sphäre I, Zirkulationsagenten in der Sphäre II. Ob und inwieweit mit dieser Einteilung gemeinsame Orientierungen, Interessen und Aktionen der Akteure verbunden sind, ist eine empirische Frage. Dieses Problem stellt sich gleichermaßen, wenn die Konkretisierung bis zu den verschiedenen Gruppen in verschiedenen ganz konkreten Lagen im Kreislauf führt. Finanzkapitalisten versus Bankangestellte etc. Die Darstellung der inneren Differenzierung des Reproduktionsprozesses verlässt die Ebene der Gesamtgesellschaft nicht. Insofern geht es bei der historischer Konkretion angenäherten Analyse spezifischer Klassen im Kapitalismus weiterhin um soziale Diskrepanzen.

Max Weber

Auch Max Weber hat eine „paradigmatische“ Analyse des Klassenbegriffs vorgelegt. Es ist üblich, dabei zwei verschiedene Ansatzpunkte seiner Analyse zu unterscheiden:

Erster Ansatz[4]

Als Dreh- und Angelpunkt jeder Klassenformierung erwähnt Weber eingangs „Maß und Art“ der gegebenen oder fehlenden „Verfügungsgewalt“ über je spezifische Mittel zur Sicherung des Lebensunterhaltes der Handelnden. Diese Mittel teilt er in zwei große Gruppen ein: *Besitz* und *Erwerb*. Besitz (Eigentum) zielt auf den Grad der Verfügungsgewalt über *Güter* und *Qualifikationen*. „Güter“ stellen dem Lebensunterhalt zweckdienliche Sachverhalte dar (Gebrauchswerte). Unter „Qualifikationen“ sind Talente, Fertigkeiten, Leistungsfähigkeiten, Kompetenzen der Akteure zu verstehen. Dem entspricht der klassische Begriff der *facultas* mit seiner Doppelbedeutung von Können sowie (u.a.) Geldmittel. „Erwerb“ meint die Verwertung der beiden Besitztümer. Dabei geht es um die „Erzielung von Einkommen und Einkünften innerhalb einer gegebenen Wirtschaftsordnung“.[5] Die Kategorie der „Wirtschaftsordnung“ setzt offensichtlichen Geld- und Warenverkehr voraus. Im Rahmen des ersten Ansatzes zur Klärung des Klassenbegriffs werden die Lebenschancen der Menschen durch den faktischen Besitz von Gütern und Qualifikationen ebenso zentral bestimmt wie durch die Aussichten auf Vermarktung dieser Besitztümer, wenn sie die Institutionen der Zirkulationssphäre (Märkte und Handel) herausgebildet und historisches Gewicht gewonnen haben.

Weber bedient sich oftmals der Begriffe *Chance* und *Lebenschance*. „Chance“ kann dreierlei bedeuten: 1. Tatsächlich vorhandene Gelegenheiten, die ergriffen werden könnten. 2. Möglichkeiten. 3. Wahrscheinlichkeiten.

Klassenlagen werden nach Weber durch drei elementare Arten von Lebenschancen konstituiert:

---

4 Vgl. Max Weber: Wirtschaft und Gesellschaft. Grundriss der verstehenden Soziologie, Studienausgabe, hrsg, v, J. Winckelmann, Köln/Berlin 1956, Kapitel 4.

5 A.a.O., S. 223.

1. Es gibt die *Chancen der Güterverwertung*. Es handelt sich um die Gelegenheiten, Möglichkeiten oder Wahrscheinlichkeiten, an die Güter für den Lebensunterhalt heranzukommen.
2. Von Bedeutung sind auch die *Chancen der äußeren Lebensstellung*. Darunter lassen sich die allgemeinen Aussichten auf eine spezifische Stellung im System der Funktionen (Zwecktätigkeiten), Hierarchien (Macht und Ansehen) und Dichotomien (z.B. Interessengegensätze) einer Gesellschaft verstehen.
3. Schließlich gibt es auch *Chancen des inneren Lebensschicksals* der Personen. In diesem Falle geht es in erster Linie wohl um die Wahrscheinlichkeit der Formierung von Zügen des Charakters, des Sozialcharakters und der ökonomischen Charaktermaske im Besonderen.

Die Klassenlage einer Position besteht gleichsam in einer Konfiguration, in einem bestimmten Typus dieser drei Chancen. Daran lässt sich der Begriff der *Klasse* vergleichsweise reibungslos anschließen: „»Klasse« soll jede in einer gleichen Klassenlage befindliche Gruppe von Menschen heißen.“[6]

Offensichtlich verleiht Max Weber der faktischen Verfügungsgewalt der Mitglieder einer Gruppe über Besitztümer und Qualifikationen bei seinem ersten Ansatz zur Erläuterung des Klassenbegriffs ein besonderes Gewicht. Es könnte sagt werden, es handele sich um die *Grund*bestimmung seiner Klassenanalyse. Im Ausgang davon unterscheidet Weber drei elementare Typen von sozialen Klassen:

1. Besitzklassen

Unter Besitzklassen sind Gruppen zu verstehen, deren Klassenlage nach Weber „primär“ durch „Besitzunterschiede“, also durch klassifizierte Unterschiede im Besitz von Gütern und/oder Qualifikationen „bestimmt“ wird. Es denkbar, dass das Verbum „bestimmen“ sich an dieser Stelle sowohl auf Klassifikation als auch auf real bedeutsame Besitzunterschiede bezieht. Als *konkrete* Beispiele werden Gruppen erwähnt, die Vorteile in der Form appropriierter „Renten“ genießen.[7] Weber erwähnt „Menschenrentner“ und meint damit Sklavenbesitzer. Es ließe sich auch an Couponschneider denken. Angesichts derartiger Beispiele scheint es nicht ausgeschlossen, das

6 Ebd.

7 Vgl. a.a.O., S. 224.

Rentenkonzept mit der Kategorie des Surplus in Verbindung zu bringen, zumal es um Grade des Besitz*privilegs* geht. Das andere Extrem der Besitzklassen bilden für Weber *„negativ privilegierte* Besitzklassen“ wie Unfreie, Proletarier, Verschuldete und Arme.[8]

2. Erwerbsklassen

Das sind Klassen, deren „Chancen“ in erster Linie durch die Gelegenheiten und Wahrscheinlichkeiten bestimmt werden, ihren Besitz und ihre Qualifikationen zu verwerten. Das bedeutet ihre Lebenslagen und Lebensstile werden primär durch die „Chancen der Marktverwertung von Gütern oder Leistungen“ bestimmt. Damit erscheint der *Markt* als die Schlüsselinstitution der Klassenformierungen. Daraus folgt interessanterweise *Marktgesellschaften* sind gleich Klassengesellschaften. Überall und jederzeit, wo sie sich historisch durchgesetzt haben? Weber nennt allerdings Unternehmer und Lohnarbeiter als Beispiele.[9] Klassenlagen verstehen sich von daher als Marktlagen.

3. Soziale Klassen

Das ist insofern ein überraschender Begriff, da es doch insgesamt um soziale Klassen geht. Weber definiert diese dritte Bestimmung als „die Gesamtheit derjenigen Klassenlagen ... *zwischen* denen ein Wechsel a. persönlich, b. in der Generationenfolge leicht möglich ist und typisch stattzufinden pflegt.“[10] Damit wird nicht irgendeine Klasse oder Klassenlage erwähnt, sondern das Phänomen hoher oder geringer *sozialer Mobilität.* Dabei wird die persönliche Mobilität von der Intergenerationenmobilität unterschieden. Webers Beispiele passen nicht so recht in dieses Bild. Er erwähnt das *Kleinbürgertum,* das er an anderer Stelle auch als die „Mittelstandsklasse“ bezeichnet.[11]

---

8 Ebd.

9 A.a.O., S. 225.

10 Ebd.

11 A.a.O., S. 224.

Zweiter Ansatz[12]

Schon bei seinem ersten Ansatz hat Weber kurz auf eine Unterscheidung zwischen *ständischer Lage* und *Klassenlage* hingewiesen.[13] Die Besonderheit einer ständischen Lage besteht für ihn darin, dass sie Ausdruck der Gliederung von Positionen nach Graden der *Ehre* (des Ansehens, Prestiges) ist. „*Ständische Lage* soll heißen eine typisch wirksam in Anspruch genommene positive oder negative Privilegierung in der sozialen *Schätzung* ...“[14]

Damit wird der zweite Teil der Trias erwähnt, der den veränderten Ansatz der Weberschen Klassenanalyse kennzeichnet. Die vollständige Trias sozialer Diskrepanzen mit den Komponenten *Stände*, *Klasse* und *Parteien* steckt nun den Rahmen für die Untersuchung der „Machtverteilung innerhalb der Gemeinschaft“ ab.[15] Doch es geht nicht allein um Macht im Sinne „der Chance eines Menschen oder einer Mehrzahl derer ... den eigenen Willen in einem Gemeinschaftshandeln auch gegen Widerstand anderer daran Beteiligten durchzusetzen“[16].

Klassen

1. Weber geht von „ursächlichen Komponenten“ aus, welche die Lebenschancen einer Gruppe von Menschen auf vergleichbare Weise beeinflussen. Dabei stehen ähnlich der Marx'schen Theorie „ökonomische Güterbesitz- und Erwerbsinteressen“ im Zentrum. „Interesse“ – eine komplexe Kategorie, deren Bedeutungsspektrum (u.a.) von der gerichteten Aufmerksamkeit („Interesse“, „mit Interesse registriert) über den Zins (inter esse = Entgelt für die Duldung des zeitlichen Dazwischenseins zwischen Leihe und Rückzahlung) bis eben hin zu den Motiven bei der Daseinsfürsorge, aber auch beim Streben nach egoistischem Vorteil und Übervorteilung anderer reicht („aus dem nackten Interesse heraus handeln“ etc.). Wie in zahlreichen anderen Fällen auch behandelt Weber „Interesse“ an dieser Stelle wie einen singulären Kausalfaktor.

---

12 M. Weber: Wirtschaft und Gesellschaft, Studienausgabe a.a.O., Teil II, Kapitel 8.

13 M. Weber: Wirtschaft und Gesellschaft, a.a.O., S. 226.

14 Ebd. (Herv. i. Org.).

15 M. Weber: Wirtschaft und Gesellschaft, Teil II, a.a.O., S. 678 ff.

16 A.a.O., S. 678.

2. Im gleichen Zusammenhang findet eine Zentrierung des Klassenbegriffe auf *Märkte* und das Marktgeschehen statt. „Es ist die allerelementarste ökonomische Tatsache, dass die Art, wie die Verfügung über sachlichen *Besitz* innerhalb einer sich auf dem Markt zum Zweck des Tauschs begegnenden und konkurrierenden Menschenvielheit verteilt ist, schon für sich allein spezifische Lebenschancen schafft."[17] Der Markt nimmt nun den Rang eines *definiens* für Klasse und Klassenlagen ein. Klassenlagen sind Marktlagen, Stellungen im Marktgeschehen. Das Fazit lautet:

> „Immer aber ist für den Klassenbegriff gemeinsam, dass die Art der Chancen auf dem Markt diejenige Instanz ist, welche die gemeinsame Bedingung des Schicksals des Einzelnen darstellt. »Klassenlage« ist in diesem Sinne letztlich »Marktlage«."[18]

Stände

Eine „ständische Lage" bezeichnet nach Weber all jene Einflüsse auf das Lebensschicksal von Menschen, welche sich „auf eine spezifische positive oder negative, soziale Einschätzung der »*Ehre*« zurückführen lassen, die sich an irgendwelchen Merkmalen der entsprechenden Gruppe festmacht."[19] Klassenlagen und Stellungen im ökonomischen Reproduktionsprozess der Gesellschaft werden oftmals – jedoch nicht notwendigerweise – zum Aufhänger für Ansehen bzw. soziales Prestige. So wurden schon frühe die *artes mecanicae*, die Handarbeiten abgewertet und die *artes liberales* als Erscheinungsformen der reinen Geistesarbeit ihnen in der sozialen Wertschätzung übergeordnet. Ständische Ehre bzw. soziales Prestige verlangt von denjenigen, welche ein hohes Ansehen genießen wollen, normalerweise auch einen bestimmten Stil der Lebensführung. Sie müssen etwa durch Statussymbole wie für den Straßenverkehr zugelassene Panzerwagen (SUVs) ihren hohen Status zur Schau stellen. Gruppen mit als hoch empfundener ständischer Ehre verstehen sich oftmals als Elite und grenzen sich etwa vom gemeinen Volk ab („Schließung"). Die Schickeria bildet einen Lebenszusammenhang für sich. „Wo die äußersten Konsequenzen gezogen werden, entwickelt sich der Stand zur geschlossenen Kaste."[20] Bestimmten

17 A.a.O., S. 679.

18 A.a.O., S. 680.

19 A.a.O., S. 683.

20 A.a.O., S. 684.

Gruppen wie den „Unberührbaren“ in Indien wird mit Abscheu begegnet und es wird äußerste Distanz gewahrt.

Das Verhältnis von Markt und Ehre ist nicht nach den Kriterien unilinearer Kausalität darstellbar. Auf der einen Seite kennt der Markt kein Ansehen der Person. Er wird von „rein sachlichen Interessen“ beherrscht und „weiß nichts von Ehre“.[21]

Ihn regiert die nüchterne Abwägung von Nutzen und Kosten. Doch auf der anderen Seite gibt es die Verschränkung des Ansehens mit der Rolle im Arbeitsprozess. Die

> „Möglichkeit »ständischer« Lebensführung pflegt naturgemäß ökonomisch mitbedingt zu sein. Praktisch betrachtet, geht die ständische Gliederung überall mit einer Monopolisierung ideeller oder materieller Güter oder Chancen in der uns schon bekannten Art zusammen.“[22]

Parteien

Unter „Parteien“ sind nicht einfach die Massenparteien der jüngeren Vergangenheit zu verstehen. Eine Partei kann auch durch eine so machtvolle Organisation wie einen Kaninchenzüchterverband repräsentiert werden. Parteien liegen nach Weber überall da vor, wo irgendeine Gruppierung den Versuch unternimmt, „Einfluss auf ein Gemeinschaftshandeln gleichviel welchen Inhalts“ auszuüben. Also kann es in der Tat Parteien ebenso gut „in einem geselligen »Klub« ... geben wie in einem »Staat«.“[23] Parteien verfolgen ihre Sonderinteressen und versuchen, sie durchzusetzen. Eine Partei ist nach Weber stets ein „um Herrschaft kämpfendes Gebilde“, das „daher selbst, oft sehr straff »herrschaftlich« organisiert zu sein pflegt“.[24] Parteien können im einen oder dem anderen Fall durch Klassenlagen und/oder ständische Lagen bedingte Interessen vertreten, aber – so betont Weber – sie müssen keineswegs mit Notwendigkeit nur als reine Klassen- oder Standesparteien vorfindlich sein.[25]

Es ist offenkundig, dass Weber der ungleichheitstheoretischen Trias von *Reichtum*, *Macht* und *Ehre* eine besondere Wendung gegeben hat: *Besitz*, *Partei* und *Stand*. Es hat jedoch immer wieder Hinweise darauf gegeben, dass dem *Besitz* eine zentrale Stellung

---

21 A.a.O., S. 687.
22 A.a.O., S. 686.
23 A.a.O., S. 688.
24 A.a.O., S. 689.
25 Ebd.

beigemessen wird. Prestige ohne die notwendigen Mittel in großem Stil zur Schau zu stellen, ist ziemlich schwierig. Man muss ganz schön hochstapeln. Besitz verweist auf die Eigentumsproblematik.

Anhang zu einigen eigentumstheoretischen Grundbegriffen

Anerkannte Besitzansprüche und Besitztümer

In den Bereich der menschlichen Strategien, für den individuellen und/oder kollektiven Lebensunterhalt auf dem jeweiligen historischen Niveau zu sorgen (*principium sese conservare*) fallen die Erscheinungsformen von *Aneignung, Besitz und legitimiertem Eigentum.*

- Aneignung meint Art und Grad der Chancen, sich die Mittel für das Leben zu eigen machen zu können. Dem entspricht das dritte Ulpianpostulat:[26] *Suum cuique tribue* = jedem möge das Seine zuteil werden.
- Aneignung führt zu materiellem oder ideellem *Besitz* (= Besitzanspruch).
- Besitz ist dann *legitimes_Eigentum,* wenn es nicht nur in einer Rechtsordnung als legal, sondern vom Vernunftrecht (Naturrecht) – wie etwa das Recht der Unversehrtheit der Person[27] – als allgemein legitim *anerkannt* wird.

Macht und Bemächtigung

Den entgegengesetzten, historisch meinst vorherrschenden Prozess der Eigentumsbildung stellt die *Appropriation* (Bemächtigung) dar. Appropriation umfasst ein Spektrum, das von der subtilen Manipulation und Täuschung von Adressaten über Drohungen, latenter und manifester Ausbeutung bis hin zur Anwendung nackter Gewalt reicht. Von Raub, Raubzügen und Plünderungen abgesehen, mündet Appropriation im *exklusiven* (andere ausschließenden) *Besitz* von Gebieten, Gütern und Arbeitsleistungen anderer aus,

---

26 Domitius Ulpianus (geb. 223 oder 228 n. u. Z.) ist Staatsmann und Rechtsgelehrter. Sein erstes Postulat lautet: *Honeste vive* = lebe als ehrenwerter und rechtschaffener Bürger. Das zweite Postulat fordert: *Neminem laede* = füge niemandem einen Schaden zu. Vgl. auch I. Kant: Metaphysik der Sitten, Werke in sechs Bänden (Ed. Weischedel), Band IV, Darmstadt 1963, S. 43 ff.

27 Vgl. das erste Ulpianpostulat o.a.

Doch dieser Besitz ist vergleichsweise unsicher. Erst wenn es gelingt, Untertanen oder Abhängigen den „Legendenglauben" einzuimpfen, dass die Verhältnisse von exklusivem Besitz und kollektivem Nichtbesitz z.B. gottgewollt sind, ist es gelungen, *ideologisch legitimiertes Eigentum* zu institutionalisieren. J. J. Rousseau hat diesen Grundgedanken in einer berühmten Parabel zusammengefasst:

> „Der erste, der ein Stück Land eingezäunt hatte und es sich einfallen ließ, zu sagen: *dies ist mein* und der Leute fand, die einfältig genug waren, ihm zu glauben, war der wahre Begründer der bürgerlichen Gesellschaft." [28]

Pierre Bourdieu

Kein Mensch, bei dem die Ansichten nicht zu einem Dogma nach der Art des vormaligen Sowjetmarxismus erstarrt sind, wird Zweifel daran hegen, dass sich die Klassen im Verlauf der Entwicklung des sich ändernden Kapitalismus ihrerseits verändert haben und dass damit auch für die Kritik der politischen Ökonomie neue normalwissenschaftliche Rätsel entstehen oder fortbestehen. Fortbestand hat z.B. das Problem des „subjektiven Faktors", also das Problem der Mentalitäten im Kontext der „objektiven" gesellschaftlichen Lebensbedingungen und Zwänge. Wollte man all die verschiedenen Versuche der jüngeren Vergangenheit zusammenstellen und kommentieren, wodurch die Klassen in ihren wenn auch veränderten Ausprägungen erfasst werden sollten und sollen, dann müsste man sich ein mehrbändiges Werk antun. Was das Problem des „subjektiven Faktors" angeht, haben Schriften von Pierre Bourdieus (1930–2002) inzwischen einen nahezu paradigmatischen Status erreicht.

Philosophie der Praxis

Mit seiner Praxisphilosophie schickt sich Bourdieu nach seiner Auskunft an, die „anthropologischen und soziologischen Grundlagen des objektivistischen Irrtums in Angriff zu nehmen", ohne dabei auf den Gegenpol des Subjektivismus zurückzufallen. Objektivisten

---

28 J. J. Rousseau: Diskurs über die Ungleichheit (Ed. Meier); Paderborn/München/Wien/Zürich, 2. Auflage 1984, S. 173.

wollen – ganz allgemein gesprochen – eine sachliche Beobachtung der Gegebenheiten gleichsam „aus der Ferne" durchführen. Das bedeutet, in der Gesellschaft vorfindliche Handlungszusammenhänge vom Standpunkt des äußeren Beobachters aus mit Methoden zu studieren, die denen der mathematischen Naturwissenschaften möglichst nahekommen sollen. („Szientismus" ist ein anderes Wort für diese Denkweise). Dem steht der Anspruch gegenüber, die „Praxis als Praxis" zu untersuchen – wie Bourdieu sagt –, anstatt als ein Objekt wie jedes andere zu behandeln?[29] Der Hermeneutik wird der gegenteilige Anspruch nachgesagt. Sie steht vor der Gefahr, auf den Standpunkt des „Subjektivismus" zurückzufallen. Bourdieu hat bei „Hermeneutik" nicht zuletzt Studien wie die des Linguisten Ferdinand de Saussure (1857–1913) oder des Ethnologen Claude Lévi-Strauss (1908–2008) vor Augen, die zu den Schlüsseltexten der „Strukturalismus" genannten Schule gehören. So ließe die theoretische Arbeit von Ethnologen, die eine fremde Kultur untersuchen, sie zu „einer hermeneutischen Repräsentation der gesellschaftlichen Praxisformen neigen". Das hermeneutische Wissenschaftsverständnis offenbart sich nach Bourdieu mit der in der ethnologischen Literatur des Öfteren auftretende Gefahr, „alle gesellschaftlichen Beziehungen auf solche der Kommunikation und alle Interaktionen auf symbolische Tauschbeziehungen zu reduzieren".[30] Denn mit dem symbolischen Austausch zwischen Menschen liegt so etwas wie ein *Text* vor, der sich hermeneutisch deuten lassen soll. Gleichwohl muss die Hermeneutik nicht zwangsläufig in den Sprachspielimperialismus abgleiten, dem alles gesellschaftliche Sein gleich einem *sprachlichen* Sein ist. Ein weiteres Problem ergibt sich für Bourdieu dadurch, dass eine Theorie der Praxis ihrerseits eine *wissenschaftliche Praxis* von Experten darstellt. Diese bewegt sich in einem deutlichen Abstand von den übrigen Formen der Praxis in einer Gesellschaft und muss insofern ihrerseits ein Stück weit „objektivistisch" arbeiten. Deswegen muss eine Theorie des Verhältnisses von Theorie und Praxis sich immer auch auf sich selbst beziehen. Das bedeutet, die Frage aufzuwerfen, welche gesellschaftliche Voraussetzungen gegeben sein müssen, damit nicht nur eine „besondere Kategorie von Individuen zur Ausübung einer theoretischen Tätigkeit bereitgehalten werden kann", sondern welche Gegebenheiten in der

---

29 Vgl. a.a.O., S. 143.

30 P. Bourdieu: Entwurf einer Theorie der Praxis, a.a.O., S. 140 f.

gesellschaftlichen Realität „per se die unbewusste Übernahme eines bestimmten Typs“ von Theorie bzw. einer Theorie der Praxis (als gezielte oder immanente Zielrichtung auf außerwissenschaftliche Praxis) begünstigen“.[31] Das ähnelt der Einübung in ein Paradigma bei Kuhn. Nach Bourdieus These bedingen „Gegebenheiten“ in der gesellschaftlichen Wirklichkeit in der Tat die bewusste oder unbewusste Übernahme eines „bestimmten Typs“ von Theorie. Zu diesen gesellschaftlichen Gegebenheiten sind nicht zuletzt auch „objektive“ Strukturen und Prozesse (wie die Aktionen ganzer sozialen Bewegung) in der gesellschaftlichen Wirklichkeit zu rechnen.

Das Studium der gesellschaftlichen Praxisformen kann nach Bourdieus Auffassung „zum Gegenstand dreier Modi theoretischer Erkenntnis“, also dreier Ausprägungen des Wissenschaftsverständnisses werden.[32]

1. Die „phänomenologische Erkenntnisweise“
2. Die „objektivistische Erkenntnisweise“
3. Die „praxeologische Erkenntnisweise“

Ad 1:
Den ersten Erkenntnismodus bezeichnet Bourdieu auch als den „interaktionistischen“ oder „ethnomethodologischen.“ Er umfasst im Grunde die meisten Versionen einer Soziologie der Alltagspraxis und bezieht sich auf Muster der primären Erfahrung von Gegebenheiten in der sozialen Welt. D.h.: Diese Erkenntnisweise „begreift die soziale Welt als eine natürliche und selbstverständlich vorgegebene Welt.“ Sie verfährt erfährt und behandelt sie *selbstvergessen.* Die Selbstvergessenheit gehört zu den Grundmerkmalen des bloß „erscheinende Wissen“, das sich in der „ersten Stellung des Gedankens zur Objektivität“ (Hegel) befindet. Es „schließt also die Frage nach den Bedingungen ihrer eigenen Möglichkeit aus“.[33] Es handelt sich um die *intentio recta.*

Ad 2:
Das objektivistische Wissenschaftsverständnis deckt sich weitgehend mit dem Szientismus. Dabei kommt es bei der Untersuchung vorfindlicher Praxisformen zu einem einschneidenden Bruch mit

31 A.a.O., S. 139.

32 P. Bourdieu: Entwurf einer Theorie der Praxis, a.a.O., S. 146 ff.

33 A.a.O., S. 147.

der Erfahrung der alltäglich Handelnden. Es wird der Standpunkt des „objektiven“ Beobachters reklamiert, der allemal Bescheid weiß. Der Aktorstandpunkt wird in den Hintergrund gedrängt. Denn er fällt in den Bereich der platonischen *doxa,* in die Welt der trügerischen Erscheinungen. Das ist die *intentio recta,* die nur eine wahre Perspektive auf die Gegebenheiten kennt. H. Steinert bezeichnet diese Position als den „rechthaberischen Realismus“.

Ad 3:
Die praxeologische Erkenntnisweise, wie Bourdieu seinen eigenen Ansatz bezeichnet, bezieht sich nicht nur auf die objektiven, nicht sinnhaften Strukturen und Prozesse einer Gesellschaft, sondern bemüht sich zugleich um Einsichten in „die *dialektischen* Beziehungen zwischen diesen objektiven Strukturen und den strukturierten *Dispositionen,* die diese zu aktualisieren und zu reproduzieren trachten“.[34] Das klingt nach der dritten Stellung des Gedankens zur Objektivität bei Hegel, nach der *intentio obliqua der intentio obliqua et directa.*

Um die Kritik am Objektivismus weiter auszuführen, schlägt Bourdieu vor, „einen Augenblick auf dem Terrain des (strukturalistischen – J.R.) Objektivismus schlechthin, dem der Saussureschen Linguistik und der Semiologie innezuhalten“.[35] Dieser Autor und eine Reihe von anderer Vertreter der Ethnologie, die eigentlich Sprachhermeneutik betreiben, nähern sich dem objektivistischen Denken dadurch an, dass der linguistische Strukturalismus

> „ein System objektiver Beziehungen (gedanklich – J.R.) konstituiert, das auf die unterschiedlichen Praxisformen und Praktiken, in denen es sich dokumentiert und in Aktion tritt, ebenso wenig zurückzuführen ist wie auf die Intentionen der Subjekte und deren Bewusstsein von seinen Zwängen und seiner Logik.“

Saussure habe die Sprache „als Struktur objektiver Relationen“ betrachtet, „die gleichermaßen das Hervorbringen der Rede wir deren Entschlüsselung möglich macht ...“.[36] Bourdieus Vorbehalte gegenüber dieser Denkungsart scheinen daraufhinauszulaufen, dass damit das Vermittlungsverhältnis zwischen objektiver Struktur,

---

34 Ebd. (Herv. i. Org.).
35 A.a.O., S. 151.
36 A.a.O., S. 152.

Alltagspraxis und Alltagsdenken der Menschen, die Homologie (Strukturgleichheit oder wenigsten Strukturähnlichkeit) „zwischen Sprachsystem und Sprechen einerseits und Kultur und Verhalten oder Werk andererseits" aus dem Blickfeld gerate.[37] Auch eine erfolgreiche Bearbeitung des Problems des subjektiven Faktors sei so nicht zu erkennen. Im Gegenteil: Das Individuum erscheint als eine Marionette, die an den Fäden struktureller Zwänge zappelt. Der Saussuresche Sprachstrukturalismus weise den Nachteil auf, dass *Struktur* als Beziehung zwischen den Zeichen verkürzt dargestellt wird. Demgegenüber handele sich um *praktische* Funktionen, „die sich keinesfalls, wie es der Strukturalismus stillschweigend unterstellt, auf Kommunikations- und Erkenntnisfunktionen reduzieren lassen".[38] Hinzu komme, dass die Kenntnis eines Sprachcodes die praktisch vollzogenen Interaktionen (Sprechakte) keineswegs eindeutig steuert und dass außersprachliche Faktoren ebenfalls eine Rolle beim Gebrauch von Zeichen spielen. Nicht zuletzt ist es der (soziale) Kontext, worin ein Sprechakt vollzogen wird, der die nähere Bedeutung der Zeichen (Aussagen, Sprechakte) selbst mitbestimmt.[39] Ethnomethodologen weisen in der Tat und mit Recht auf die sog. „Indexikalität der Sprechakte" hin. Je nach der sozialen Situation, worin er ausgesprochen wird, nimmt der an sich auf Anhieb verständliche Satz „Das sind ja trübe Aussichten" je verschiedene Bedeutung an. Geht es um den Blick vom Berg in das neblige Tal, um die Einschätzung der Konjunkturlage usf.?[40]

Der für Wittgenstein zentrale und für Bourdieu ebenfalls bedeutsame Regelbegriff (im Hinblick auf Sprachregelungen) wird in der Tat oftmals

> „im Sinne ausdrücklich festgelegter und explizit anerkannter sozialer *Normen* gleich dem moralischen oder juristischen Gesetz, zuweilen auch im Sinne eines *theoretischen Modells* einer von der Wissenschaft erarbeiteten Konstruktion zur Erklärung der Praxisformen verwendet …".[41]

37 A.a.O., S. 153.

38 A.a.O., S. 155.

39 A.a.O., S. 156. S.o. die Notiz zu Kontexterklärungen.

40 Im Abschnitt über „sinnliche Gewissheit" demonstriert Hegel die Variation des Wahrheitsgehaltes zeitindizierter Aussagen. „Jetzt ist die Nacht." Diese Aussage ist normalerweise um 12 Uhr mittags schlechthin falsch, um Mitternacht jedoch wahr.

41 P. Bourdieu: Entwurf einer Theorie der Praxis, a.a.O., S. 159.

Aber die beobachtbaren *Regelmäßigkeiten* menschlichen Handelns in der Alltagspraxis garantieren nicht, dass die Akteure selbst gezielt irgendwelchen klar definierten *Regeln* folgen würden. Wie von W. v. O. Quine hervorgehoben hat: Das Handeln eines Akteurs kann von einer Regel *angeleitet* werden, ohne dass der Handelnde diese Regel selbst kennt und sie nennen könnte. Erst wenn Handelnde über einen gewissen Grad mehr oder minder klarer Regelkenntnisse verfügen, erst dann kann man sagen, sie *beachteten* die Regel. Deswegen kann man sagen, *Regelverstehen* läge dann vor, wenn der Akteur selbst sich auf die Regeln versteht, worauf sich aber auch der Beobachter versteht. Davon ist die Untersuchung fremder Kulturen offensichtlich in einem besonderen Maße abhängig.

Das praxeologische Wissenschaftsverständnis prägt die Texte Bourdieus. Natürlich auch seinen speziellen Versuch, (Klassen-) Strukturen und Mentalitäten zu vermitteln.

Der Habitus als Vermittlungsbegriff?[42]

Der Begriff des *Habitus* wird zum Dreh- und Angelpunkt eines Vermittlungsversuches zwischen Alltagsmentalität und -praxis einerseits, der Klassenstruktur andererseits – einer Klassenstruktur, welche z.B. die „feinen Leute" vom gemeinen Volk trennt. Das Projekt soll zu einer „Dialektik von objektiven und einverleibten Strukturen" führen. Deren Kern verweist auf den komplexen Prozess der „*Interiorisierung der Exteriorität und der Exteriorisierung der Interiorität*".[43] Bourdieu denkt dabei offensichtlich an zwei gegenläufige Prozesse: Äußerliches (Vorgegebenes) wird verinnerlicht und wieder „nach außen" und das heißt: in eine Praxis umgesetzt, welche die überindividuellen Klassenstrukturen und Prozesse reproduziert. Doch oftmals wird der Habitus ausdrücklich als *Wirkung* gesellschaftlicher *Ursachen*, also kausalanalytisch beschrieben. Er kann überdies seinerseits bei der „Exteriorisierung" als Kausalfaktor Effekte erzeugen. Damit handelt es sich um Wechselwirkung.[44]

42 „Habitus" kommt aus dem Latein. Er bezeichnet die persönliche Haltung (z.B. das „Auftreten", das z.B. majestätisch oder bescheiden sein kann). Es kann zudem das äußere Erscheinungsbild, aber auch die Stimmung und nicht zuletzt die Gesinnung einer Person gemeint sein.

43 Ebd. (Herv. i. Org.).

44 Insbesondere die Darstellung des Habitus als Schnittmenge (Mitte; „drittes Vergleichendes") führt ein gutes Stück weit weg von der „Vermittlung

An einer Stelle heißt es: „Soziale Strukturen und Prozesse „erzeugen (kausal? – J.R.) *Habitusformen,* d.h. Systeme dauerhafter *Dispositionen,* strukturierte Strukturen, die geeignet sind, als strukturierende Strukturen zu wirken ...".[45] Noch eindeutiger: Es gehe um „Dispositionen, die gleichermaßen Aspirationen wie Praxisformen erzeugen, die mit jenen objektiven Bedingungen in Einklang stehen und gleichsam vorgängig deren objektiven Erfordernissen und Anforderungen angepasst sind ...".[46] Es scheint in der Tat sinnvoll und möglich, „Habitus" als einen Dispositionsbegriff zu lesen. Dispositionsprädikate bezeichnen noch nicht realisierte Eigenschaften, die jedoch *an sich* realisiert werden könnten. Der Zucker weist manifest eine kristalline Struktur auf, ist an sich aber in Flüssigkeiten löslich. Bourdieu weist zudem darauf hin, dass er *dialektische* Beziehungen vor Augen habe. Aber die Kausalrelation scheint bei ihm vorzuherrschen. Die dialektische Vermittlung der Gegensätze in sich stellt jedoch einen gänzlich anderen Typus der Relationierung von Relationen dar als Kausalität oder Wechselwirkung. Als „dialektisch" in einem logisch schärferen Sinn kann auch ein reines Wirkungs-Rückwirkungsverhältnis gewiss nicht bezeichnet werden.

Verhaltensanpassung?

Ein weiteres Deutungsproblem tut sich dadurch auf, dass eine ganze Reihe von Aussagen Bourdieus zur Erzeugung der Haltungen nach einer kompletten Anpassung des Individuums an die gesellschaftlichen Lebensbedingungen ebenso wie an strukturelle Zwänge der Klassenstruktur klingen. So heißt es beispielsweise: Es gibt die „symbolischen, d.h. konventionellen und konditionellen Stimulierungen, die allein unter der Bedingung wirken, dass sie auf Handlungssubjekte treffen, die dazu konditioniert sind, sie sie wahrzunehmen ...".[47] Die Wortwahl ist eindeutig: Linear kausal „wirken", „konditioniert sein" sind die Schlüsselverben. Dem entsprechen weitere Aussagen wie die, die Welt der Praxis vermöge allenfalls eine „bedingte Freiheit" zu gewähren.[48] Der Habitus verweist

ohne Mitte", die bei Hegel und Adorno gleichermaßen ein entscheidendes Merkmal des „Prinzips der Dialektik" (Adorno) darstellt.

45 A.a.O., S. 165.

46 A.a.O., S. 168.

47 A.a.O., S. 166.

48 Ebd.

zudem auch in den Bereich des Unbewussten, Vorbewussten bzw. der internalisierten Routinen, Rezepte, Funktionsanforderungen und Handlungszwänge. Die Haltungen haben sich „dauerhaft eingeprägt“ und die Akteure werden dadurch an die objektiven Anforderungen ihrer Lebensumstände „angepasst“, so dass sie mit diesen „im Einklang oder auf »Rollen« zu reduzieren seien ...“.[49]

Ein Rückkoppelungsmodell?

Bourdieu schreibt den Habitusformen gleichwohl über ihre Eigenschaft hinaus, Effekt strukturierender Strukturen zu sein, immer wieder einmal eine *eigensinnige* Rolle und Wirkungsmöglichkeit zu. Denn sie *wirken* gleichzeitig als „strukturierende Strukturen“ auf die gegebenen Strukturen zurück. Vieles deutet darauf hin, dass Bourdieu seine Diskussion des Habitusbegriffes sowie real ausgeprägter Habitūs im Rahmen einer Art *Rückkoppelungsschleife* (*positiver feedback*) vorträgt. Grundlegende Sachverhalte („Strukturen“) „produzieren“ die Habitūs, während diese Dispositionen – umgekehrt – die „Strukturen“, nicht zuletzt die Klassenstruktur reproduzieren.

> „Der Habitus, dieser durch geregelte Improvisation dauerhaft begründete Erzeugungsprinzip – *principium importans ordinem ad actum,* wie die Scholastiker formulierten –, bringt Praxisformen und Praktiken hervor, die in dem Maße, wie sie dahin tendieren, die den objektiven Produktionsbedingungen ihres Erzeugungsprinzips immanenten Regelmäßigkeiten zu reproduzieren – wobei sie sich freilich ebenso den innerhalb einer gegeben Situation als objektive Potentialitäten eingeschriebenen Erfordernissen und Zwängen anpassen (!) –, sich weder aus den punktuell als Summe der Stimuli, die jene Praxisformen hervorgerufen zu haben scheinen, definierten objektiven Bedingungen, noch aus den Bedingungen unmittelbar deduzieren lassen, die das dauerhafte Prinzip ihrer Produktion geschaffen haben ...“[50]

Damit werden dem Habitus zwei wesentliche Eigenschaften zugeschrieben: (a) Die Habitūs lassen sich *nicht* eineindeutig aus strukturellen Faktoren deduzieren. Gleichwohl erscheinen sie als deren Effekt. (b) Sie sind eigenständiger Kausalität fähig; denn sie verkörpern das Potential (die Disposition) zu einer Praxis, welche für die *Reproduktion* der strukturellen Zusammenhänge unabdingbar ist. Bourdieu scheint dennoch in erster Linie das Modell eines

49 A.a.O., S. 169.

50 A.a.O., S. 170.

selbststabilisierenden Prozesses zu entwerfen, in dem die Individuen das von ihnen Verlangte meistens unbewusst oder vorbewusst vollstrecken.

> „Jedes Individuum, mag es das wissen oder nicht, wollen oder nicht, ist Produzent und Reproduzent objektiven Sinns: Da seine Handlungen und Werke Produkt eines *modus operandi* sind, dessen Produzent es nicht ist und die es bewusst nicht beherrscht, schließen sie, einem Begriff der Scholastik folgend, eine »objektive Intention« ein, die dessen bewussten Absichten stets übersteigt."[51]

Bei Bourdieu klingt jedoch immer wieder der Unterton einer induzierten Anpassung an. Nicht nur, dass die „Verinnerlichung der gleichen objektiven Strukturen" zu übereinstimmenden Dispositionen in der Praxis führt[52], „der Habitus stellt das Produkt der Einprägungs- und Aneignungsarbeit dar, die erforderlich ist, damit die Hervorbringung der kollektiven Geschichte (Sprache, Wirtschaftsform usw.) sich in Form dauerhafter Dispositionen in allen, den gleichen Bedingungen auf Dauer unterworfenen, folglich den gleichen materiellen Existenzbedingungen ausgesetzten Organismen – die man, so man will, Individuen nennen kann – erfolgreich reproduzieren können."[53] Der Gegenzug zu dieser Hauptlinie des Denken taucht gelegentlich ebenfalls auf.

Klassenstruktur und Kapital

Bourdieu untersucht den Zusammenhang zwischen Klassenstruktur, Mentalität und Aktion im Rückgriff auf besondere Kapitalbegriffe. Dabei kann der Eindruck entstehen, als ob der übergreifende Gehalt seiner Kategorie des „Kapitals" sich auf Möglichkeiten bezieht, ganz allgemein verstandene „Gewinne" durch Strategien der Appropriation zu erzielen. Parallel dazu kann „Kapital" auch als ein Reservoir an Kompetenzen, Fähig- und Fertigkeiten verstanden werden, das von Personen in Erziehungs- und Bildungsprozessen erworben wird, aber ebenfalls appropriiert werden kann. Es gibt weitere Dimensionen, die diesem Kaptalbegriff zugeschrieben werden können. Kapital als Vermögen meint z.B. auch das geistige Erbe der verschiedenen Kulturen und Subkulturen, das durch Erzählungen übertragen oder im Schrifttum „objektiviert" ist. Das entspricht ein

---

51 A.a.O., S. 178.

52 P. Bourdieu: Entwurf einer Theorie der Praxis, a.a.O., S. 179.

53 A.a.O., S. 186f.

Stück weit Hegels „objektivem Geist“. Schließlich wird „das Kapital“ geradenwegs mit einem Machtpotential gleichgesetzt.[54]

Bourdieu hat seinen Kapitalbegriff einmal in drei Dimensionen gegliedert.[55]

1. Das kulturelle Kapital.
2. Das soziale Kapital.
3. Das ökonomische Kapital.

Ad 1:

Der Begriff des „kulturellen Kapitals“ steht in einem engen Zusammenhang mit den verschiedenen Studien des Autors über Ungleichheiten im Bildungssystem. Für ihn gibt es eine schulischen „Markt“, auf dem die Kinder der verschiedenen Klassen und Klassenfraktionen einen schulischen „Profit“ in der Form des Schulerfolges erzielen können – oder nicht.[56] Das kulturelle Kapital setzt sich aus drei Subtypen zusammen: (a) *Das inkorporierte Kapital.* Es besteht in der Verinnerlichung kultureller Wissensbestände, Normen, Regeln und Kriterien im Verlauf der Erfahrung, Ausbildung und Bildung der einzelnen Personen. (b) *Das objektivierte* Kapital setzt sich aus den übertragbaren und übertragenen Beständen an geistigen Formen und Inhalten zusammen. Materiale Träger dieser Übertragung sind Schrift, Ton, Datenträger etc. Aber z.B. auch Gemälde oder Denkmäler können dazu gerechnet werden. Die Aneignung des objektivierten Kapitals setzt Grade der Erfahrung, Ausbildung und Bildung voraus. (c) *Das institutionalisierte Kapital.* Es setzt die Überwindung der biologischen Grenzen voraus, die dem inkorporierten Kapital durch seine Bindung an die einzelne Person gesetzt sind. Das geschieht vor allem durch die Institutionalisierung von Zertifikaten und Titel. „Durch den schulischen und akademischen Titel wird dem von einer bestimmten Person besessenen Kulturkapital institutionelle Anerkennung verliehen.“[57]

---

54 Vgl, P. Bourdieu: Ökonomisches Kapital, kulturelles Kapital, soziales Kapital, in: R. Kreckel (Hrsg.): Soziale Ungleichheiten, Soziale Welt, Göttingen 1983, S. 184.

55 A.a.O., S. 183 ff.

56 Vgl. a.a.O., S. 185.

57 A.a.O., S. 190.

Ad 2:
Das *soziale Kapital* besteht für Bourdieu aus den aktuellen und potentiellen Ressourcen, die „auf der *Zugehörigkeit zu einer Gruppe* beruhen".[58] Eine Person verfügt insoweit über soziales Kapital, wie sie aus einem dauerhaften Netz sozialer Beziehungen mit signifikanten Anderen Akzeptanz und Ansehen beziehen und mobilisieren kann. So kann die Zugehörigkeit zu einer Familie, die einen ehrwürdigen bzw. prestigeträchtigen Namen trägt, dieser Person Tür und Tor öffnen. Vitamin B, die Beziehung zu Leuten mit Macht und Einfluss hilft bekanntlich.

Ad 3:
Bezüge zur Kritik der politischen Ökonomie sind erkennbar. Allerdings sieht es auf den ersten Blick so aus, als solle das ökonomische Kapital – ähnlich wie bei Max Weber – materielle Ressourcen und persönliche Kompetenzen bezeichnen, die sich auf Märkten zu Geld machen lassen. In einem Text über Raum und soziale Klassen wird das ökonomische Kapital auch als „materielles Eigentum" bezeichnet.[59] Dass Bourdieu bei seinem Klassenbegriff nicht zuletzt Marx vor Augen hatte, zeigt seine Sympathie für die These vom Primat der Ökonomie. Denn er bezeichnet das ökonomische Kapital ausdrücklich als die „dominierende Kapitalform", die „allen anderen Kapitalarten zugrunde liegt".[60] Mit dem strengen Ökonomismus, der dieses Zugrundliegen als Basis interpretiert, welche die Inhalte des Überbaus kausal bestimmt, hat Bourdieu eigentlich trotz seiner kausalistischen Obertöne eigentlich nichts im Sinn. Dem widerspricht ein Stück weit das Gewicht, das er Kulturfertigkeiten wie das Management feiner Unterschiede gegenüber Leuten, die nicht dazugehören oder dem Schinden guter Eindrücke (Goffmans *impression management*) beimisst. Allerdings gibt es für ihn auch strukturell verankerte Exklusivität. Man muss z.B. über reichlich Geld verfügen, um sich ernsthaft zu den „feinen Leuten" oder eine Schickeria rechnen zu können. Wie Bourdieu in diesem Zusammenhang argumentiert, lässt sich an folgendem Beispiel ablesen:

---

58 A.a.O., S. 190f. /Herv. i. Org.).

59 P. Bourdieu: Sozialer Raum und „Klassen", Frankfurt a.M. 1985, S. 10.

60 P.Bourdieu: Ökonomisches Kapital, kulturelles Kapital, soziales Kapital, a.a.O., S. 188 bzw. 186.

Er macht einen Unterschied zwischen „Luxusgeschmack“ der herrschenden Klasse und dem „Notwendigkeitsgeschmack“ der meisten Mitglieder der abhängig arbeitenden Klasse. Dabei gib es die verschiedensten Arten,

> „sich von der Arbeiterklasse und deren Primärbedürfnissen abzusetzen oder, was auf dasselbe hinausläuft, entsprechend den jeweils zur Verfügung stehenden Machtmitteln, gegenüber den elementaren Zwängen der Notwendigkeit auf Distanz zu gehen“.[61]

Innerhalb der herrschenden Klasse macht der Autor „Konsumstrukturen“ mit drei „Hauptposten“ aus:

> „Ausgaben für Nahrung, für Kultur (Bücher, Zeitungen, Schreibwaren, Schallplatten, Sport, Spielzeug, Musik, Schauspiel- und Theaterbesuch) und für Selbstdarstellung und Repräsentation (Kleidung, Schönheitspflege, Toilettenartikel, Dienstpersonal).“[62]

Die feinen Distinktionen sollen die feinen Leute vom gemeinen Volk abgrenzen. Manches erinnert auch an Thorstein Veblens (1857–1925) *conspicuous consumption,* an den demonstrativen Konsum: „Mein Haus im Engadin.“

Die Frage, welchen Klassenbegriff Bourdieu vor Augen hat, wenn er sich solcher Begriffe wie „Arbeiterklasse“ bedient, beantwortet er mit einer Definition:

> „Ausgehend von den Stellungen im (sozialen – J.R.) Raum, lassen sich *Klassen* im Sinne der Logik herauspräparieren: das heißt Ensembles von Akteuren mit ähnlichen Stellungen und die, da ähnlicher Konditionen und Konditionierung unterworfen, aller Voraussicht nach ähnliche Dispositionen und Interessen aufweisen, folglich auch ähnliche Praktiken und politisch-ideologische Positionen.“[63]

Diese Definition spiegelt ganz klar die klassische Unterscheidung zwischen Klassenlage, Klassenbewusstsein und Klassenhandeln wider. Es gibt den sozialen Raum, der vom Reproduktionsprozess abgesteckt wird. Darin gibt es Gruppen in vergleichbarer Lage mit vergleichbaren Zwecktätigkeiten („Stellungen“). Sie sind vergleichbaren Lebensbedingungen und „Konditionierungen“ (Formationsprozessen des Habitus) unterworfen. Aufgrund ihres Habitus weisen sie auch ähnliche Dispositionen zum Handeln und ein Reservoir

---

61 P. Bourdieu: Die feinen Unterschiede. Kritik der gesellschaftlichen Urteilskraft, 29. Auflage 2003, S. 298.

62 A.a.O., S. 209.

63 P. Bourdieu: Sozialer Raum und „Klasse“, Frankfurt a.M. 1985, S. 111.

gemeinsamer Interessen auf. Ihr gesellschaftliches Bewusstsein weist ähnliche politische und ideologische Inhalte auf. Schließlich sind auch die Muster ihrer alltagsweltlichen Praxis einander ähnlich. In dieser Hinsicht ist Bourdieus Klassenbegriff fast marxistisch orthodox, ohne dogmatisch und ökonomistisch zu sein.

Kapitel 5
Der Tod der Klassen? – Sic et Non auf Englisch

Dass es im 20. Jahrhundert nach dem Zweiten Weltkrieg in den west- und osteuropäischen Ländern in der Politik, aber auch in den Politik- und Sozialwissenschaften einerseits zu weitreichenden Rückgriffen auf den Klassenbegriff und Klassentheorien, andererseits zu Thesen über deren Unbrauchbarkeit gekommen ist, ist nicht verwunderlich. Es handelt sich um die Zeiten des Ost-Westkonfliktes und des kalten Krieges. Deutschland war in zwei Teile gespalten, dessen eine Hälfte sich die vollständige Überwindung der Klassengesellschaft zuschrieb und die andere – die Bundesrepublik – als eine kapitalistische Klassengesellschaft unter Vormundschaft der USA propagandistisch verurteilte. Auch in den westlichen Ländern gab es einflussreiche Parteien, welche sich links von der Sozialdemokratie sahen oder sogar einem Kommunismus anhingen, der noch vom Stalinismus und Sympathien für den doktrinären Sowjetmarxismus-Leninismus geprägt war. Frankreich lieferte ein besonders klares Bild dieser Gemengelage. In der BRD wurden das Selbstverständnis und die Zielsetzungen der Gruppen der Studentenbewegung in den 60er und 70er Jahren des vorigen Jahrhunderts nachdrücklich von den Schriften Marx' und Engels', partiell aber auch Stalins, Lenins und Maos beeinflusst. Klassenanalysen und klassenpolitische Ansprüche spielten eine zentrale Rolle. Das Ganze lief in der „Lebenswelt der K-Gruppen" und dem Terror der RAF aus.[1] Dass sich Schriften über den Klassenbegriff und Klassentheorien mehrten und von den gesellschaftlichen Gegebenheiten nicht unberührt blieben, ist somit alles andere als erstaunlich. Es muss auch nicht verwundern, dass die Einschätzung des Standes und der Entwicklung sozialer Ungleichheit in der BRD und anderen westlichen Ländern zwangsläufig die mit politischen Wertideen vermittelten Urteile über die Klassen-

1 Vgl. A. Kühn: Stalins Enkel, Maos Söhne. Die Lebenswelt der K-Gruppen in der Bundesrepublik der 70er Jahre, Frankfurt a.M./New York 2004.

struktur dieser Gesellschaften bestimmte. In den USA entspricht *class* bekanntlich dem Begriff der Schicht. In England bedeutete und bedeutet *class* weiterhin Klassen im klassischen Sinn, nicht zuletzt in dem von Marx – je nachdem, wie dessen Werk gedeutet wurde. Die sozialwissenschaftliche Literatur Großbritanniens liefert ein besonders einprägsames Beispiel für die beiden Eckpunkte der vielfältigen Diskussionen über den Fortbestand der Klassenstruktur überhaupt. Da wird am einen Extrem der Tod der Klassen verkündet, am anderen ihr ungebrochener Fortbestand registriert. Hier soll eine Skizze dieser angelsächsischen Konfrontation anhand eines ausgewählten Beispiels gezeichnet werden.

SIC – Der Tod der Klassen ist sinnfällig (Pakulski/Waters)[2]

Die zentrale These der beiden Autoren zufolge ist „Klasse“ als ein soziologischer Grundbegriff tot. Denn die Klassen verschwinden in den westlichen Konsum- und Wohlfahrtsgesellschaften. Es ist die überlieferte Klassenstruktur, so heißt es, die sich auflöst. Nach der Auffassung der beiden Autoren haben sich in den „hoch entwickelten Gegenwartgesellschaften“ also Tendenzen durchgesetzt, die es nicht länger sinnvoll erscheinen lassen, von der Entwicklung und Veränderung kapitalistischer *Klassengesellschaften* zu sprechen. Für sie sind Klassengesellschaften „spezifische historische Entitäten. Sie wurden im Zuge des industriellen Kapitalismus geboren, wandelten ihre Form unter der durchschlagenden Wirkung des organisierten oder korporativen Kapitalismus, und verschwinden im Angesicht der Nach-Industrialisierung und Postmodernisierung.“[3] Der Monopolkapitalismus habe aufgrund seiner „durchschlagenden Wirkung“ nicht nur die historische Erscheinungsform der Klassen verändert, sondern diese ganz zum Verschwinden gebracht. Diese *Klassenerosionsthese* ist implizit mit einer Reihe höchst strittiger Annahmen und Voraussetzungen verwoben:

1. Klassen sind in der Geschichte erst im frühen Prozess der Industrialisierung der bürgerlichen Gesellschaft aufgetreten. Doch in dem Maße wie sich die postindustrielle Gesellschaft in den

---

2 J. Pakulski and J. Waters: The Death of Class, London 1996.

3 A.a.O., S. 4.

entwickelten bürgerlichen Gesellschaften durchsetzte (damals ging überall die Post ab: Postindustrielle Gesellschaft, Postmoderne, Postpositivismus u.a.m.), erodierten die Klassen unter der Wucht des „organisierten und korporativen Kapitalismus", bis sie schließlich verschwanden.

2. Damit weisen die Autoren – implizit – die historisch ausgreifendere Surplustheorie der Klassenformierung zurück. Die vorindustriellen Gesellschaften sind keine Klassengesellschaften und die Erinnerung an Servius Tullius ist extravagant.
3. Aus dem Zitat spricht zudem der Anschluss an Hauptlinien der damaligen Philosophie und Soziologie: Zum einen gibt es verschiedene Texte, welche den Zug zur postindustriellen Dienstleistungsgesellschaft registrieren. Dieser konnte am Schrumpfen der Schwerindustrie und des Kohlebergbaus abgelesen werden. Zum anderen wird auf die damalige Mode des „postmodernen" Denkens zurückgegriffen. Davon ist heute kaum noch die Rede.
4. Von den beiden Autoren wird zudem eine Reihe von Annahmen in Frage gestellt, von denen sie annehmen, sie gehörten nicht zuletzt zum Kern von Marx' Ansichten über Klassentheorie und Klassenanalyse: (a) Der Ökonomismus: Klassen gelten bei ihm als ökonomisches Phänomen, wobei sich alles um das Privateigentum an den Produktionsmitteln dreht. (b) Der Gruppencharakter der Klassen: „Klassen werden als mehr als statistische Aggregate oder taxanomische Kategorien angesehen." Sie werden als wirkliche, abgrenzbare Phänomene in der gesellschaftlichen Realität wahrgenommen. Betrachten Autoren diese Sichtweise tatsächliche als falsch und vertreten sie wirklich einen radikalen Nominalismus? (c) Die Annahme über die Verkoppelung von Verhalten und Kultur: „Es wird behauptet, die Klassenzugehörigkeit sei kausal mit dem Bewusstsein verbunden ..."[4] Dem entspricht die gewiss damals verbreitete *kausalistische* Verhältnisbestimmung von Basis und Überbau d) Das Veränderungspotential: Klassen sind „(zumindest potentielle) kollektive Akteure in den ökonomischen und politischen Feldern".[5] Die ebenfalls in den Fraktionen „der Linken" verbreitete These von der durch eine Gesetzmäßigkeit vorgezeichneten Rolle des Proletariats als Träger der emanzipativen Tendenz der Geschichte in Richtung auf die klassenlose

4 A.a.O., S. 10.

5 Ebd.

Gesellschaft wird in Frage gestellt. Diese ketzerische Ansicht findet sich allerdings auch schon früh in Texten der Kritischen Theorie der Gesellschaft.

5. Es ist nicht zu bestreiten, dass Pakulski und Waters sich mit dieser Skizze auf eine Flut von Annahmen und Äußerungen des dogmatischen Ökonomismus in Ost und West berufen könnten. Bei ihrer Marxinterpretation verfolgen die beiden Autoren keine Strategie der Begründung offenerer Deutungshypothesen in Bezug auf Texte der Kritik der politischen Ökonomie. Sie betonen Angriffspunkte, die auch andere Autoren hervorheben. Es geht um Distanzierung. Gleichwohl machen die Autoren klar: „Die Dekomposition dieser nationalen Klassen, die wir betonen, impliziert nicht, dass es einen Niedergang sozialer Ungleichheit gebe."[6] Sie sind keine Apologeten des *status quo*.

Um die Klassenerosionsthese zu untermauern, wird eine Art Dreistadienmodell der kapitalistischen Entwicklung entworfen:

Das *erste Stadium* wird als das der *ökonomischen Klassengesellschaft* bezeichnet. Charakteristisch dafür ist wie bei Marx und Weber das Verhältnis von Kapitaleignern und Verkäufern der Arbeitskraft auf Arbeitsmärkten. Die herrschende Klasse übt in dieser Phase einen starken Einfluss auf den Staat und dessen Apparate aus bzw. instrumentalisiert sie zugunsten ihrer Interessen. Insoweit die beherrschten Klassen überhaupt zu kollektiven Aktionen fähig sind, weisen diese dann einen rebellischen, wenn nicht revolutionären Charakter auf. Die Entmachtung der herrschenden Klasse und ihrer Fraktionen sowie ihre Enteignung werden zu wesentlichen Zielsetzungen von Gegenbewegungen. Auch die Kultur folgt den Klassenlinien. Sie spaltet sich in herrschende und subkulturelle Ideologien, in „hohe" und „niedere" Kultur.[7]

Das *zweite Stadium* entspricht dem Typus der *organisierten Klassengesellschaft*. Es handelt sich um das Stadium der gesteigerten Staatsaktivitäten und Regulierungsmaßnahmen. Es erscheint den beiden Autoren nun jedoch sinnvoller, von *Eliten* statt von Klassen zu sprechen. Denn der Staat werde von einer politisch-bürokratischen Elite regiert, die Macht über die untergeordneten Massen ausübt. Die Elite stellt gewiss keinen monolithischen Block dar,

---

6 A.a.O., S. 5.

7 A.a.O., S. 25.

sondern kann sich in Fraktionen aufteilen, die einander bekämpfen. Die Machtelite – so hat C. Wright Mills gelehrt[8] – besteht entweder aus Parteiführern und/oder aus deren Verflechtung mit den Führern organisierter Interessengruppen und großer Korporationen. Der Staatsapparat soll benutzt werden, um regulierend in ökonomische und gesellschaftliche Abläufe einzugreifen. Es handelt sich (im Westen) um die Hochphase neo-keynesianischer Wirtschaftspolitik. Der Staatsanteil an den Wirtschaftsaktivitäten (Staatsbeiträge zum Bruttosozialprodukt) ist gestiegen. „Die Massen wiederum reorganisieren sich in national-politische Klassen statt im industriellen Sinne, indem sie Verbindungen zu Milieuparteien eingehen."[9] Die Kultur wird entweder durch staatliche Regulierungsversuche tendenziell vereinheitlicht oder durch staatlich gesponserte Kulturmonopole (Kulturindustrie) integriert.

Das *dritte Stadium* ist das für Pakulski und Waters entscheidende: denn in dieser Periode komme es zum Exitus der Klassen. Dieses erstaunliche Phänomen wird auf eine Reihe von Tendenzen zurückgeführt.

1. Die erste Tendenz besteht in dem immer zügiger werdenden Übergang von der *Industriegesellschaft* zur *Dienstleistungsgesellschaft.* Dieser Trend werde dadurch verschärft, dass die materiellen Technologien sowie der Produktionsprozess materieller Güter hinter die „intellektuellen Technologien", heute: von der einfachen EDV zur KI, zurücktritt. Hinzu kommt

> „Das Wachstum der Kulturindustrie in Reichweite, Durchdringungskraft und Wucht hat dadurch neue Arenen jenseits traditioneller Güter- und Dienstleistungsproduktionen für die Schaffung und Akkumulation kulturellen Kapitals erzeugt."[10]

Das lässt sich durch den Verweis auf die Musikalisierung der Alltagswelt illustrieren – wo und wann steht eine Person nicht mit irgendeiner Gattung von Musik in Verbindung? Vom Knopf im Ohr über die verkaufsfördernde Musik im Kaufhaus bis hin zu einem von einem Meisterdirigenten geleiteten Meisterwerk der polyphonen Musik? Auch in dieser Branche wird gut verdient und kräftig akkumuliert.

---

8 C. Wright Mills: Die amerikanische Elite, Hamburg 1962.

9 Pakulski/Waters: The Death of Classes, a.a.O., S. 25.

10 A.a.O., S. 80.

2. Als zweite Haupttendenz gilt die *Devaluierung des Privateigentums.*

Die beiden Autoren halten es für verwunderlich, dass sich klassische Klassentheorien so sehr auf das Privateigentum und die Produktionsverhältnisse als Eigentumsverhältnisse konzentrieren.

> „Sobald die kapitalistische Gesellschaft eingerichtet war, begann ihre Entwicklung in einer neuen Form, worin das (Privat?-)Eigentum als kritischer Faktor ökonomischer Gruppenformation relativ zur Entwicklung hierarchisch geordneter Systeme der Herrschaft i.e. relativ zu Bürokratien an Bedeutung verlor."[11]

Die kapitalistische Akkumulation „wurde zunehmend vom organisatorischen Zusammenhang, langfristiger Planung, politischer Stabilität, sowie der Kooperation zwischen Großunternehmen und dem Staat abhängig."[12] Das kann darüber hinwegtäuschen, dass Appropriation und Anhäufung von Reichtum in wenigen Händen im großen korporativen Stil weiterhin stattfindet, auch wenn es in der BRD mehrere eher mittelständische Unternehmen gibt, die sich noch in den Händen eines einzelnen Unternehmers oder einer Familie befinden.

3. *Veränderung der Unternehmenskontrolle*

Wenn der klassische Einzelunternehmer tatsächlich im Verlauf der gesellschaftlichen Entwicklung seine Rolle als Patriarch oder französischer *patron* verloren hat, wer übt dann die Unternehmenskontrolle aus? Marx selbst hat mit dem Blick auf Aktiengesellschaften auf das Schwinden des Einflusses der Betriebseigner hingewiesen. Es ist unstrittig, dass die „Managerkontrolle", d.h. die Trennung von Privateigentum und Betriebsmanagement eine zunehmend größere Rolle spielte. Das hindert z.B. Anteilseigner der kapitalstarken Hedgefonds nicht daran, einen CEO zu schassen, wenn er keine hinlängliche Rendite herbeischafft. Dass kann dann sogar zu einem Niedergang von *global players* wie Boeing führen. Dahinter steht die Ausweitung des „organisatorischen und korporativen Eigentums".[13] Gemeint sind die multinationalen Unternehmen, Holdings, Konglomerate und Fonds, welche teilweise über immense Mittel verfügen. Aber auch der hohe Anteil der Staatsaktivitäten

11 A.a.O., S. 70.

12 A.a.O., S. 71.

13 Vgl. a.a.O., S. 73-75.

an Sozialprodukt und Wachstum spricht für die Autoren gegen das überlieferte Konzept des Privateigentums, worunter man sich in ihrem Falle wohl den plutokratischen Betriebseigner mit Hut und Zigarre oder einen von Putins Oligarchen vorzustellen hat (auch wenn letztere teilweise eine eigentümliche Neigung zeigen, aus Fenstern zu fallen).

4. *Wohlstand für alle?*

Dass die „Wohlstandsgesellschaften" keine Klassengesellschaften mehr seien, bedeutet ein Standardmotiv, das überall da auftaucht, wo Zweifel an der aktuellen Brauchbarkeit des Klassenbegriffs geäußert werden. Dass es der Masse der heutzutage abhängig Arbeitenden entschieden besser geht als den Proletariern in der frühen Phase der Industrialisierung steht außer Frage. Die Autoren weisen auf englische Errungenschaften wie Absicherung der Arbeiter durch Pensionskassen, den weit verbreiteten Hausbesitz, Aktien- und Rentenfondsbesitz etc. hin. Die Folgerung, die daraus gezogen wird, muss erstaunen:

> „Es kann wenig Zweifel daran bestehen, dass – egal welchen Maßstab man anlegt – die Verteilung des Wohlstandes in 'kapitalistischen' Ländern während des Verlaufs des 20. Jahrhunderts zunehmend gleicher geworden ist."[14]

Tatsächlich gleicher? Maßzahlen wie der GINI-Koeffizient und die laufenden Diskussionen über das Auseinanderklaffen der Schere zwischen (an einem anderen Index gemessenen) Armen und den sogenannten „Superreichen" sprechen energisch dagegen.

5. *Der Anstieg des Bildungsniveaus*

Allseitig wird ein Anstieg des Bildungsniveaus der breiten Bevölkerung im Vergleich zu früheren Zeiten registriert. Ja, z.B. die Souveränität des Umgangs schon der „Kleinen" mit dem Handy ist erstaunlich. Wie auch die immer die von der These des wachsenden Bildungsgrades der Massen abweichenden Fälle (Leseschwäche, sprachliche Inkompetenz etc.) zu gewichten sein mögen, die Autoren ziehen aus ihrer Tendenzaussage die Konsequenz: An die Stelle der Klassenstrukturierung treten Züge einer Meritokratie:

14 A.a.O., S. 76.

> „Die wachsende Teilung der Arbeit, die organisatorische Komplexität und Bürokratisierung haben die Bedeutung von Bildung, Wissen und Fertigkeiten erhöht, die allesamt nicht auf Produktionsverhältnisse reduziert werden können."[15]

„Nicht reduziert" zielt wohl erneut auf die ökonomistische These, dass die wirtschaftliche Basis den Überbau kausal determiniere. Doch gleichzeitig weisen die Autoren auf die Bedeutung von Bildung und Ausbildung für die modernen Produktionsverhältnisse hin. „Nicht reduzierbar" bedeutet offensichtlich nicht: „kein Zusammenhang".

6. *Die wachsende Komplexität des Beschäftigungssystems*

Die These scheint zu sein, dass die gewiss wachsende Bedeutung sich zugleich ständig wandelnder und erhöhender Fertigkeiten (*skills*), vor allem die zunehmende Relevanz intellektueller Funktionen und intellektueller Gruppierungen (Experten) gegen Klassen als Prinzipien der Formierung der Ungleichheitsstruktur sprechen. Bei Weber gilt demgegenüber die Vermarktung von *skills* geradezu als ein Prinzip der Klassenformierung.

7. *Der Einfluss der bürokratischen Regulierungsmaßnahmen, der Staatsinterventionen sowie der Erhöhung der Staatsquote*

> „Ein Schlüsselmerkmal der Entwicklung industrieller Gesellschaften im 20 Jahrhundert ist eine Ausdehnung der Staatsaktivitäten gewesen. Diese Entwicklung beeinflusst das System sozialer Ungleichheit zentral. Erstens eröffnet der Staat Zugang zu sozialen Ressourcen und Belohnungen, die im Verhältnis zum Produktionsprozess autonom sind. Welche Strata auch immer durch die Beschäftigung beim Staat erzeugt werden, sie stellen keine ökonomischen Klassen in dem Sinne dar, dass sie im Produktionsprozess verankert wären. Zweitens modifiziert die Staatsaktivität soziale Arrangements, die um Produktionsprozesse herum aufgebaut sind, derart, dass ökonomische Gebiete, die zuvor als privat und autonom definiert waren, nun zum Gegenstand staatlicher Kontrolle und Regulierung werden."[16]

Am Ende verschärfen die Autoren ihre Klassenerosionsthese zur *Strukturbruchthese.* „Wenn sie auch im Frühkapitalismus hoch waren, hat das Gewicht der Produktionsverhältnisse in relativen

15 A.a.O., S. 45.

16 A.a.O., S. 35.

Begriffen (??) und damit die Macht des Kapitals nachgelassen."[17] Ein Kapitalismus in dem „das Kapital" keine Rolle mehr spielt?

All diese Tendenzen gehen nach Pakulski und Waters mit dem Bedeutungsverlust der Klassenpolitik einher. Symptome dieser Entwicklung sind der Niedergang des klassenabhängigen Wahlverhaltens, klassenbestimmter Parteipräferenzen, ist das Schrumpfen von Linksparteien, die abnehmende Rolle auf Klassenzugehörigkeit basierender Organisationen und Bewegungen. Klassenkonflikte bilden nicht länger mehr den Kristallisationspunkt für die Organisation kollektiver politischer Handlungen oder sozialer Bewegungen. Der Organisationsgrad der Arbeiter sinkt. Neue soziale Bewegungen greifen *non class issues* wie die Umweltzerstörung auf, obwohl sich sehr wohl fragen lässt, welche ökonomischen Interessen den Raubbau an der Natur stimulieren. Auch das klassische Links-Rechts-Schema verliere an Aussagekraft, was sich für die heutigen Tag nicht mehr so umstandslos behaupten lässt.

Die Autoren ziehen ein Fazit: Es zeige sich

> „ein Niedergang des klassenbedingten Wahlverhaltens, die Fragmentierung oder der Wahlkollaps von Klassenparteien, die abnehmende Parteiloyalität und die Inkonsistenz des Wahlverhaltens, schließlich ein Niedergang der kassenspezifischen Appelle auf Seiten politischer Parteien".[18]

> „Die Disparität zwischen ökonomischen Positionen, politischen Attituden und politischer Aktivität wird immer größer ... Die Auffassungen über soziale Ungleichheit und die politischen Meinungen hängen primär von politischen Werten ab, und sie liegen quer zu Klassen- und Statusgliederungen."[19]

---

17 Ebd.

18 J. Pakulski and J. Waters: The reshaping and dissolution of class in advanced society, Symposion on Classe, in: Theory and Society, Vol. 25/5 (1996), S. 667-691. Zit. 667.

19 J. Pakulski and J. Waters: The Death of Classes, a.a.O., S. 141.

NON – „Die Klassenanalyse befindet sich in einem gesünderen Zustand als jemals zuvor."[20]

Gordon Marshall trägt einer Reihe all jener Tendenzen Rechnung, welche für Pakulski und Waters zum Exitus der Klassen beigetragen haben sollen. So wird etwa auf die offenkundige Transformation der Industriegesellschaften zu Dienstleistungsgesellschaften mit ihrem Zug zur Ausdehnung der „nicht-manuellen Formen" der gesellschaftlichen Arbeit zu Lasten „der traditionellen proletarischen Berufe" hingewiesen.[21] Für ihn steht eine gleichwohl aktualisierte Klassenanalyse vor folgender Aufgabe:

> „Klassenanalyse in unserem Sinn hat ihre zentrale Aufgabe in der Untersuchung von Beziehungen zwischen Klassenstrukturen, Klassenmobilität, auf Klassen gegründeten Wechselverhältnissen Zwischen Positionen, die durch Beschäftigungsrelationen auf Arbeitsmärkten und in Produktionseinheiten in den verschiedensten Sektoren der Volkswirtschaft festgelegt werden. Sie untersucht Prozesse, wodurch Individuen und Familien im Zeitverlauf auf diese Positionen verteilt und neu verteilt werden. Sie untersucht die Konsequenzen, die sich daraus für ihre Lebenschancen und für die soziale Identität ergeben, die sie annehmen sowie die sozialen Werte und Interessen, die sie verfolgen."[22]

Damit versteht sich Klassenanalyse primär als Allokationsproblem von Personen auf Positionen. Sie zielt zudem auf die Folgen, welche diese Zuordnung für die Lebenschancen, Charakter und Sozialcharakter der Personen sowie für die Interessen hat, die sie verfolgen.

Damit wird wenig über soziale Ungleichheit, noch darüber ausgesagt, was wohl unter „Klasse" und „Klassenstruktur" zu verstehen sei. Das mag etwas mit Marshalls Vorbehalten gegenüber „großer Theorie" und für seine Vorliebe für „Theorien mittlerer Reichweite" zu tun haben.[23] Für eine Klassenanalyse greift er verschiedentlich auf die bekannten Arbeiten von J. Goldthorpe als Hauptinstrument zurück.[24] So auch auf umfassende, aber auch komprimierte Klassifikationen, die Goldthorpe zur statistischen Erhebung der

---

20 G. Marshall: Repositioning Class. Social inequality in industrial societies, London 1997, S. xi.

21 Ebd.

22 A.a.O., S. 49 f.

23 A.a.O., S. xi.

24 J. H. Goldthorpe/F. Bechhofer/J. Platt: The Affluent Worker, 3 Bände, Cambridge 1968/69. Und J. Goldthorpe: Class Analysis and the

Sozialstruktur Englands vorgeschlagen hat.[25] Da stehen – wie auch in den bundesrepublikanischen Statistiken – die „höhergradigen Professionen, Administratoren und hohe Beamte, Manager großer industrieller Unternehmen, Großeigentümer" an der Spitze. In den mittleren Lagen befinden sich z.B. „Kleineigentümer, Handwerker etc. mit Beschäftigten". Ganz unten lagern beispielsweise „halb oder gar nicht gelernte (nicht im Agrarbereich tätige) Handarbeiter". Das Konstruktionsprinzip dieser Art der Klassifikation sind – wie üblich – „die Charakteristika individueller Beschäftigung".[26] Implizit beschreiben derartige Klassifikationen die Ungleichheitsstruktur in höchst allgemeinen Zügen. Wer sitzt oben in der Hierarchie, wer unten? „Die da oben" genießen im Allgemeinen ein höheres Berufsprestige, das Prekariat ganz unten fällt hingegen eher der Verachtung anheim. CEOs, Personen mit hohem Aktienanteil an einem Unternehmen, leitende Beamte und Minister üben normalerweise mehr Macht und Einfluss aus als die Masse derjenigen, welche sich auf den unteren Stufen der Hierarchie wiederfinden. So gesehen findet die ungleichheitstheoretische Trias von Reichtum, Macht und Ehre ihren vagen Widerschein in derartigen Einteilungen. Außerdem wird ein Realitätsbezug der mengenlogischen *pigeon holes* vorausgesetzt. Aber im Kern handelt es sich weniger um Klassen als um Berufsgruppen. Ein genauerer Sinn von „Klasse" ist bis zu diesem Punkt nicht zu erkennen. Wie wird dann die entscheidende These von Marshall näher begründet?

> „Was sie sonst auch immer sein mögen, es ist höchst wahrscheinlich, dass die angeblich neuen post-industriellen Gesellschaften des späten 20. Jahrhunderts ebenfalls altmodische Klassengesellschaften sein werden, jedenfalls was die Ungleichheiten der Lebenschancen angeht."[27]

Einige Anspielungen lassen vermuten, dass der Klassenbegriff – mit Abwandlungen – an Versionen von Marx und/oder vor allem Weber angeschlossen wird. Für Marshall legen zahlreiche international vergleichende Studien jedenfalls „auf konsistente Weise die Schlussfolgerung nahe, dass soziale Klasse ein axiales Prinzip für

---

reorientation of classtheory: the case of persisting differentials in educational attainment, in: British Journal of Sociology Nr. 47 (1996), S. 481 ff.

25 Vgl. J. Marshall: Repositioning Class, a.a.O., S. 88 ff.

26 A.a.O., S. 88.

27 A.a.O., S. 10.

die Organisation sozialer Ungleichheit und sozialer Integration in fortgeschrittenen Gesellschaften bleibt".[28] Neben einer Reihe anderer Studien beruft er sich auf eigene Forschungen, die belegen, dass Kinder mit Eltern im Angestelltenstatus mit größerer Wahrscheinlichkeit ebenfalls beim Angestelltenstatus landen werden, wenn man sie mit Kindern vergleicht, die aus der Arbeiterklasse stammen. Es zeige sich überdies, dass eine bemerkenswerte „Ähnlichkeit in der Verteilung" solcher „Chancen zur Klassenmobilität in der Generationenfolge quer durch die industriellen Nationen" besteht.[29] Das erinnert an Webers Verständnis von „sozialen Klassen" (s.o.).

Goldthorpe und andere haben sich schon früh mit der These von der Verbürgerlichung zum Wohlstand gekommener Handarbeiter, mit dem *affluent worker* auseinandergesetzt. „Verbürgerlichung" kann die Wandlung der Lebenswelt der Arbeiter zu einer mittelständischen Existenz bedeuten. Doch Marshall setzt sich sowohl von einer solchen Mittelstandsthese, als auch von der begleitenden Annahme einer vollständigen Auflösung proletarischer Milieus ab. Jedenfalls konnte zu seiner Zeit gewiss nicht von einer Angleichung der Existenzbedingungen der am unteren Ende der Berufshierarchie stehenden Gruppen an den postmodernen Lebensstil des beschwingten, ohne materielle Probleme konsumfreudigen und erlebniswilden Stadtnomaden die Rede sein. Erneut beruft sich Marshall auf eine Fülle von international vergleichenden Studien, die damals vorlagen, aus denen hervorgeht: „Klassendifferenzen" offenbaren „beim Bildungserfolg einen wahrhaft bemerkenswerten Grad der zeitlichen Stabilität".[30] Heutzutage ließe sich einiges von dem, was Marshall seinen Daten entnimmt, nicht zuletzt mit Blick auf den Migrantenstatus weiterhin nachvollziehen.

Es herrschte damals eine weitreichende Einigkeit darüber, dass sich die Inhalte des politischen Alltagsbewusstseins – so wie heute ein „Rechtsruck" zu beobachten ist – in der zweiten Hälfte des 20. Jahrhunderts signifikant verändert haben. Aber in welchem Ausmaß und welche Richtung? Unstrittig waren auch die Befunde über den Rückgang der industriellen Handarbeiter und der Ausweitung der Dienstleistungstätigkeiten. Registriert wurde zudem bei der Unterklasse bzw. bei den Handarbeitern eine zunehmende Tendenz in

28 A.a.O., S. 13.

29 A.a.O., S. 4.

30 A.a.O., S. 17.

Richtung auf „Individualismus und Privatismus".[31] Das kollektivistische Klassenbewusstsein der Unterklasse – so wurde diskutiert – löst sich zunehmend auf. Schließlich wurde auch behauptet, die für die Studien von Goldthorpe und Marshall so wichtige Unterscheidung zwischen *manual* und *non-manual workers* verliere an Bedeutung und Brauchbarkeit.

> „Die zeitgenössischen pluralistischen Gesellschaften tauchen somit als die Domäne materialistisch gesonnener Bürger auf, die sich zunehmend der instrumentellen Verfolgung wachsender Ansprüche für die ganz persönliche Bedürfnisbefriedigung zuwenden."[32]

Was die *manual workers* angeht, war deren vergleichbares Bewusstsein nie rein „kollektivistisch". Auch konnte ihnen zu keinen Zeiten die konkreten Interessen der Herrschenden umstandslos als die herrschenden Ideen aufgedrückt werden.[33] Überdies entscheidet kein Universalgesetz der Geschichte „der" Geschichte, wann es den Beherrschten zu viel wird und in welchen kleinen oder großen Formen sie Widerstand leisten.

Auch beim Blick auf das Problem der politischen Orientierungen und Handlungen versucht Marshall den Nachweis, dass die Behauptungen über das Sein oder Nichtsein der Klassen weder neu sind, noch die strammen Thesen über die völlige Neuformierung der sozialen Diskrepanzen in westlichen Gesellschaften zu tragen vermögen. Ein Beispiel dafür, dass der Individualisierungs- und Privatisierungsthese der *worker* mit Vorbehalten zu begegnen ist, liefern nach seiner Auffassung Studien in Großbritannien, die belegen,

> „dass die auf Heim und Herd zentrierten und privatisierten Lebensstile gleichwohl mit einem hohen Niveau der Teilnahme in einem weiten Bereich freiwilliger Assoziationen, von Sportclubs und Kirchen bis zu Arbeiterclubs und Gewerkschaften zusammengingen. Die Arbeiteraristokratie (die in diesem Falle das Beispiel liefert – J.R.) vereinigte sich außerhalb der Familie und Arbeitsstätte durch die Teilnahme an lokalen Assoziationen, die mit Ansprüchen sowohl auf soziale Respektabilität als auch auf Bürgerrechte in Verbindung standen. Insbesondere die gelernten Arbeiter hingen von kollektiven Formen der Organisation, vor allen von den Gewerkschaften ab."[34]

---

31 Vgl. G. Marshall: Repositioning Class, a.a.O., S. 31.

32 A.a.O., S. 141.

33 Vgl. a,a,O,, S. 34.

34 A.a.O., S. 41.

Sämtliche Forschungsergebnisse dieser Art liefern für Marshall den Beweis, dass sich das Untersuchungsprogramm der Klassenanalyse von John Goldthorpe als fruchtbarer erwiesen hat, als je zuvor. Es soll die Strategie tragen, die von Marshall *repositioning of class* genannt wird.[35]

Diese Annahme – und vieles mehr – bezieht sich auf empirische Klassenanalyse. Klassen*theorie* wird meist nur in der Form von knappen Anspielungen berührt, welche die Distanzierung vom Ökonomismus signalisieren:

> „Obwohl Exponenten der Klassenanalyse in unserem Sinne zweifellos Konflikt als immanenten Bestandteil von Klassenbeziehungen ansehen, verlangt dies von ihnen nicht, dass sie eine Arbeitswerttheorie oder eine andere Doktrin vertreten, die 'Ausbeutung' als Konzept enthalten, wie sie im Marschen Diskurs verstanden wird."[36]

Auch müsse keineswegs davon ausgegangen werden, dass Individuen in gleicher Klassenlage automatisch ein gemeinsames Bewusstsein von ihrer Lage entwickeln. Auch politisches Handeln sei kein unvermittelter Ausdruck von homogenen Klasseninteressen und noch einige Beispiele mehr, die der Autor vorbringt.

Aber – diese Frage drängt sich im Angesicht des Textes von Marshall geradezu auf –, was ist in diesem Falle wirklich genauer unter „Klasse" zu verstehen? Alles deutet darauf hin, dass er mit jenen Beschäftigungs- bzw. Statusgruppen gleichgesetzt wird, wie sie Goldthorpe in seinen Studien analysiert. Doch es gibt viele Ansätze zur Sozialstrukturanalyse, die sich ebenfalls mit derartigen Gruppierungen empirisch-klassifikatorisch befassen, ohne dass sie davon ausgingen, ausgerechnet Klassenanalyse zu betreiben. Es handelt sich um Berufsgruppenforschung, oftmals mit einem impliziten Bezug zum Achsenkreuz von Reichtum, Macht und Ehre. Insoweit soziale Ungleichheit in diesem Rahmen kritisiert wird, erfolgen normalerweise Rückgriffe auf Theorien und Kategorien sozialer Gerechtigkeit. Das ist bei Marshall nicht anders. Er stützt sich allem Anschein nach auf J. Rawls' »Eine Theorie der Gerechtigkeit«.[37] Über den historischen Einzugsbereich des Klassenbegriffs macht sich Marshall jedenfalls keine besonderen Gedanken.

---

35 A.a.O., S. 55 ff.

36 A.a.O., S. 51.

37 Vgl. a.a.O., S. 178 ff. J. Rawls: Eine Theorie der Gerechtigkeit, Frankfurt a.M. 1979.

Die exemplarische Konfrontation von Behauptungen über den Tod der Klassen mit der gegenteiligen, dass sie sich zwar verändert haben, aber so „lebendig" sind wie je zuvor, ist auf dieses Beispiel nicht beschränkt. In den sozialwissenschaftlichen Diskussionen über die Sozialstruktur der Bundesrepublik nach dem zweiten Weltkrieg verschwinden die Klassen ebenfalls und tauchen immer wieder auf.

Kapitel 6
Über die Elimination der Klassen durch Theorie

Die Existenz der Klassen – Ein umstrittenes Phänomen

Um es zurückhaltend auszudrücken: Die Brauchbarkeit des Klassenbegriffs als Kategorie der Gesellschaftstheorie, der Gesellschaftsforschung sowie des politischen Diskurses ist weiterhin umstritten. Normalerweise werden theoretische, historische und/oder politische Argumente geltend gemacht, wenn es um das Sein oder Nicht-Sein sozialer Klassen geht. Man stößt dabei auch auf die Gleichung: Klassentheorie = Sozialismus = Kasernenkommunismus = politisches Übel. Überdies können die Darstellungen des Klassenbegriffs je nach den gesellschaftstheoretischen Annahmen, die ihnen zugrunde liegen, ganz verschieden ausfallen. So oder so gilt er entweder als unverzichtbar für eine Analyse der Sozialstruktur als Ungleichheitsstruktur oder als inzwischen, wenn nicht gar grundsätzlich unbrauchbar. In den geschichtswissenschaftlichen Untersuchungen der Struktur und Entwicklung von Staatsgesellschaften[1] gibt es zahllos Fälle, in denen Klassen gar keine Berücksichtigung finden. Demgegenüber liegen andere Beispiele dafür vor, wo ihnen wenigstens im Hinblick auf eine bestimmte Zeitspanne Relevanz für die Darstellung der Ungleichheitsordnung einer Gesellschaft zugesprochen wird. Das geschieht nicht zuletzt bei Untersuchungen der frühen Phase der Industrialisierung in Europa, also bei der Betrachtung der einsetzenden Proletarisierung breiter Bevölkerungsmassen – wofür Großbritannien zunächst das klassische Beispiel liefert. Beim Blick

1 Das ist ein Begriff, den Hegel mit Fug für die *societas civilis* verwendet, solange es nicht in einem so weitreichenden Maße wie in der Moderne zu einer Trennung von staatlicher und gesellschaftlicher Sphäre gekommen ist, der er in den späteren Fassungen seiner Rechtsphilosophie Rechnung trägt. Vgl. WW 4, S. 245 ff.

auf die Wohlstandsgesellschaften der jüngeren Vergangenheit und der Gegenwart sieht das oftmals völlig anders aus.

Wie sind dann aber die vielen Freiheitsbewegungen zu beschreiben und zu beurteilen, die in der Tat geschichtlich so verschieden sind wie ein Sklavenaufstand im antiken Rom und Bauernkriege im Mittelalter. Das Joch der Unterdrückung abzuwerfen, das spielt in beiden Fällen die entscheidende Rolle. Damit tauchen aber zwangsläufig auch die oben erwähnten Fragen auf: Ist die antike Sklavengesellschaft eine Klassengesellschaft oder nicht? Kann die mittelalterliche Ständegesellschaft als Version von Klassengesellschaften betrachtet werden oder nicht? Wird die Geschichte der Zivilisationen – in einer ungleichheitstheoretisch maßgebenden Perspektive (wie hier in diesem Essay) – als Geschichte der Kämpfe um das Surplusprodukt verstanden, dann ist die Antwort eindeutig, aber beileibe nicht unstrittig. Denn in den Sozialwissenschaften kann man z.B. auf die These stoßen, dass zwar soziale Konflikte und Aufstände ebenso wenig verschwunden sind und verschwinden wie massive soziale Ungleichheiten, dass jedoch die Klassenförmigkeit dieser Konflikte und Ungleichheiten ab einem gewissen Zeitpunkt weder von theoretischer Relevanz ist, wie vormals das Werk von Marx und Weber, geschweige denn von politisch-praktischer Relevanz ist. Der Gründe für diese Distanzierung werden viele und – je nach Theorie – ganz verschiedene geltend gemacht. So werden beispielsweise den scheinbar unbelehrbaren Vertretern der überlieferten Klassentheorie, insbesondere der Marx'schen, oftmals drei Dilemmata vorgerechnet, womit sie nicht fertig würden:

1. Das *Dilemma der Identität.* Je erfolgreicher sich die Anpassung zwischen den Schemata der Klassenanalyse und den tatsächlichen sozialen Formationen im Detail erweist, desto geringer würden die Unterschiede im Vergleich mit anderen Mustern der mengenlogischen Einordnung der relevanten Phänomene. Wenn das u.a. heißen sollte, klassentheoretische Untersuchungen der Muster sozialer Diskrepanzen müssten wie alle statistische Sozialstrukturanalysen irgendwie mit dem Spannungsverhältnis zwischen Klassen und Klassifikationen zu ihrer empirischen Erfassung fertig werden, dann ist dem nicht zu widersprechen. Dass empirische Klassifikationen immer auch anders vorgenommen werden können als im je konkreten Fall, hat sich herumgesprochen. Aber heißt das, es gibt in der Realität keine Klassen?

2. Das *Dilemma der theoretischen Relevanz.* Je mehr sich das „Klassenparadigma“ mit seinen Aussagen gegenwärtigen sozialen Konflikten und den aktuellen Erscheinungsformen sozialen Wandels annähert, desto irrelevanter wird es in Theorie und Praxis, so lauten Behauptungen. Sie stehen zunächst einfach so da. Gemeint sein könnte: Je detaillierter die Klassenanalyse, desto weniger passt sie auf die gesellschaftliche Wirklichkeit. Vielleicht wegen des angeblichen Zweiklassen-Schemas bei Marx?
3. Das *Dilemma der ideologischen Relevanz.* Nach dem Eindruck von Pakulski und Waters (s.o.) bleibt dann, wenn die Anhänger der Klassentheorie sorgfältigere und erfolgreichere Korrekturen ihres Paradigmas vornehmen, immer weniger von der Anziehungs- und Eindruckskraft der Klassentheorie und „ihres ursprünglich verführerischen emanzipatorischen Versprechens übrig“.[2] Die Klassentheorie habe nun einmal den empirischen Boden unter ihren Füssen verloren.

Die Lehre vom Tod der Klassen liefert ein klares Beispiel für die Annahme einer grundsätzlichen oder inzwischen eingetretenen Irrelevanz der Klassentheorie. In der (west)deutschen Soziologie nach dem Zweiten Weltkrieg gibt es eine Abfolge von Theorien sozialer Diskrepanzen, die sich ebenfalls um die Beerdigung des Klassenbegriffs bemühen – gleichzeitig gibt es immer wieder Einsprüche gegen solche Tendenzen zur Erledigung der Klassen durch Theorie.

Die nivellierte Mittelstandsgesellschaft

> Eine Untersuchung der gegenwärtigen deutschen Gesellschaft führt zur Einsicht, dass darin „durch die Radikalität der sozialen und politischen Ereignisse die Überwindung der ehemaligen Klassenstruktur der bürgerlichen Gesellschaft vielleicht am weitesten fortgeschritten ist …“[3]

Politisch sind die Auseinandersetzungen mit dem Klassenbegriff natürlich im 19. sowie im 20. Jahrhunderts im Angesicht der

2 Pakulski/Waters, a.a.O., S. 23.

3 H. Schelsky: Auf der Suche nach Wirklichkeit, Gesammelte Aufsätze, Düsseldorf/Köln 1965, S. 331.

proletarischen Bewegungen und sozialistischen Parteien und Staaten – nicht zuletzt dann auch zu Zeiten des kalten Krieges – besonders heftig gewesen. Noch heute gelten in den USA demokratische Vertreterinnen und Vertreter radikalerer Reformen nicht einfach nur als verdächtige „liberals", sondern als „Sozialisten", d.h. zugleich als Parteigänger des diktatorischen Kommunismus. Diese Konfrontationen waren im geteilten Deutschland, das sich einer kommunistischen Bedrohung ausgesetzt sah, nicht minder brisant. Marxismus und Marx' Klassenbegriff wurden im Westen von zahlreichen Politikern und Theoretikern dem sozialistischen Widerpart zu Lasten geschrieben. In der hoch entwickelten bürgerlichen Gesellschaft sei in Wahrheit eine „Überwindung der Klassenstruktur" zu registrieren (Klassenerosionsthese). Helmut Schelsky (1912–1984), vormals in der NSDAP sehr aktiv, macht sich in der Nachkriegs-BRD auf die „Suche nach Wirklichkeit" und findet die „nivellierte Mittelstandsgesellschaft". Denn er glaubt, einen Trend von der *Klassengesellschaft* hin zu dieser *nivellierten Mittelstandsgesellschaft* erkennen zu können. Seine Annahme basiert auf eine Reihe charakteristischer Thesen:

1. *Die Nivellierungsthese:* Es sei eine außerordentliche Steigerung der Mobilität gewesen, welche die Sozialstruktur der BRD wesentlich durchlässiger gemacht habe als je zuvor.[4] Die alten „ständisch geprägten Berufsgruppen" hätten eine „Entdifferenzierung" erfahren. Ihr fester Stand habe sich gelockert. Ein Effekt dieser Entwicklungen besteht für ihn darin, dass die Klassengegensätze entschärft wurden und die Hierarchie der sozialen Ungleichheiten so weitgehend abgebaut wurde, dass von einer Nivellierung der wirtschaftlichen und politischen Positionen der Menschen in der BRD die Rede sein könne. Es kommt demnach zur Herausbildung „einer verhältnismäßig einheitlichen Gesellschaftsschicht", die „ebenso wenig proletarisch wie bürgerlich" verfasst ist.[5]
2. *Die Homogenisierungsthese:* Nach Schelskys Auffassung wird die Tendenz zur Angleichung der wirtschaftlichen und politischen Positionen von einem Prozess der Vereinheitlichung der Milieus und Verhaltensweisen der Menschen begleitet. Man könne sie zwar als „kleinbürgerlich-mittelständisch" beschreiben, sie zu

4 A.a.O., S. 332.

5 Ebd.

erfassen, sei jedoch nicht mehr im Rahmen von Modellen hierarchisch gegliederter und geschichteter Gesellschaften möglich. Somit ergebe sich ein „verhältnismäßig einheitliche(r) Lebensstil der nivellierten Mittelstandsgesellschaft".[6] Ein Ausdruck dafür liefere die Angleichung der Konsumgewohnheiten.

3. *Die Entschichtungsthese:* An die Stelle der klassischen Formen der Mobilität, also des Auf- und Abstiegs im System der Schichten der Gesellschaft sei ein Abbau der Bedeutung solcher Schichten überhaupt zu erkennen.
4. *Die These von der* ideologischen *Relevanz von Klassen- und Schichtvorstellungen:* In *einer* Hinsicht komme Kategorien wie „Klasse" oder „Schicht" dennoch eine besondere gesellschaftliche Relevanz zu. Es handele sich um *topoi,* die immer noch im gesellschaftlichen Bewusstsein vorhanden sind und von daher eine gewisse praktische Relevanz behalten. Es handele sich mithin um ein folgenreiches „Festhalten an veralteten sozialen Leitbildern".[7] Gesellschaftliches Sein und gesellschaftliches Bewusstsein passen gleichsam nicht zusammen; es gibt einen *cultural lag.*
5. *Die These von den Aufstiegsillusionen:* Nach Schelsky müssen Orientierungen, die sich am Bild einer Schichthierarchie als Erfolgsleiter festmachen, als Ausdruck einer „konstitutionellen Irrealität des Selbstbewusstseins" verstanden werden. Dieses falsche Bewusstsein pralle wegen der faktischen Einebnung der Hierarchien auf die tatsächliche „Unerfüllbarkeit der sozialen Aufstiegsbedürfnisse".[8]
6. *Die These von der Neuformierung sozialer Konflikte.* Nivellierung bedeutet für Schelsky keine *Harmonisierung* oder *Konfliktlosigkeit.* Aber an die Stelle der alten Klassengegensätze träten Spannungsverhältnisse wie vor allem diejenigen, welche sich als „Interessengegensätzlichkeit der intimen primären Gruppierungen einerseits und der abstrakten bürokratischen Großorganisationen andererseits" äußern.[9] Das klingt fast wie Habermas' Unterscheidung zwischen System und Lebenswelt.

---

6 Ebd.

7 A.a.O., S. 334.

8 Ebd.

9 A.a.O., S. 336.

Schelskys Behauptungen stützen sich offensichtlich auf die Annahme einer doppelten Erosion der bürgerlichen Sozialstruktur: Denn nach seiner Ansicht führt die von ihm angenommene Tendenz in Richtung auf eine nivellierte Mittelstandsgesellschaft zu einer Auflösung von Klassen und Schichten zugleich. Er hegt keinen Zweifel daran, dass Deutschland im 19. Jahrhundert eine Klassengesellschaft war. Doch zu seiner Zeit (1956) sehe das ganz anders aus. Auf Marx' Annahmen hinsichtlich der Kernstruktur der kapitalistischen Gesellschaft anspielend, behauptet er, die „dualistische Klassenspannung von Bourgeoisie und Proletariat" bedeute nicht länger mehr die vorherrschende Struktur der Gesellschaft.[10] Es seien neue soziale Strukturen und Gesetzlichkeiten aufgetaucht, welche den das 19. Jahrhundert prägende Klassengegensatz nicht mehr als die „dominante und entwicklungsleitende Struktur" erscheinen lassen. Diese neuen sozialen Strukturen werden weitgehend mit Hilfe der oben zusammengestellten Thesen beschrieben: Die hohe Mobilität der Mitglieder der letzten zwei Generationen in der BRD, das rasante Aufkommen sowie die Verbreitung neuer mittelständischer Gruppierungen wie z.B. der Angestellten, „Deklassierungsprozesse" klassischer Gruppierungen des Besitz- und Bildungsbürgertums kämen hinzu. All das erzeuge eben jenen Effekt der „Nivellierung" der Gesellschaft in Richtung auf eine „sehr breiten, verhältnismäßig einheitlichen Gesellschaftsschicht", die nicht mehr viel mit dem klassischen Bürgertum und dem Proletariat zu tun habe.

Das Fazit lautet mithin: Die Bundesrepublik Deutschland ist nach dem Zweiten Weltkrieg auf dem zügigen Weg von der alten Klassengesellschaft des 19. Jahrhunderts hinweg in Richtung auf den neuen Vergesellschaftungstypus der *nivellierten Mittelstandsgesellschaft*. Die gegenwärtige, für die Politik so wichtige „bürgerliche Mitte" bleibt zwar oftmals eine rhetorische Figur und erfährt selten eine genaue Bestimmung, hat aber kaum etwas mit Schelskys nivellierter Mittelstandsgesellschaft zu tun.

10 A.a.O., S. 338.

Eine Resurrektion der Klassen als universalgeschichtliches Phänomen

Es gab – natürlich außer bei Adorno und einer Reihe anderer Variationen direkt an Marx anschließender Klassentheorien – gegen Ende des 20. Jahrhunderts verschiedene Autorinnen und Autoren, welche die Nachricht vom Ableben der Klassen samt der Klassentheorie für außerordentlich verfrüht hielten. So zum Beispiel R. Dahrendorf (1929–2009). Er schreibt dem Klassenbegriff eine viel weiter reichende historische Spannbreite zu als diejenige, welche nur das die Frühphase der Industrialisierung und den Anfang des 19. Jahrhunderts umfassen soll. Denn Klassen begreift er als Konfliktgruppen, die sich der historischen Durchgängigkeit von *Herrschaft* in der Geschichte verdanken. Dahrendorf setzt sich intensiv mit der damals die Soziologie an den „westlichen" Akademien nachhaltig beeinflussenden funktionalistischen Handlungstheorie von Talcott Parsons (1909–1979) auseinander. Gesellschaften werden – anders als Parsons lehrte – nicht einfach nur durch gemeinsame Werte (*common values*) zusammengehalten, sondern – so Dahrendorf – auch durch *Herrschaftsverhältnisse* strukturiert. Deswegen müsse der Konflikt zwischen Herrschenden und Beherrschten als ein geschichtlich durchgängiges Phänomen angesehen und behandelt werden. Die Theorie der sozialen *Integration* von Parsons ist mithin durch eine Theorie der sozialen *Konflikte* zumindest zu ergänzen. Die Klassenstruktur ihrerseits ist eng mit Herrschaft und damit mit Konflikten überhaupt verwoben. Die Klassenerosionsthese von Autoren wie Schelsky wird daher zurückgewiesen. Folgerichtig verwirft Dahrendorf auch die Behauptung, mit der abnehmenden Bedeutung der kernstrukturellen Spaltung der modernen Gesellschaft in Bürger und Industrieproletarier würden die Klassen und Klassengegensätze verschwinden. Vom Exitus der Klassen und Klassenkonflikte in der modernen industriellen Gesellschaft könne überhaupt nicht die Rede sein.[11] Es bedürfe vielmehr der Einsicht in die „Funktionen sozialer Konflikte" aufgrund von Herrschaftsbeziehungen im Allgemeinen, um die „Klassen und ihr Schicksal"

11 Vgl. R. Dahrendorf: Klassen und Klassenkonflikte in der industriellen Gesellschaft, Stuttgart 1977.

als Bürger und abhängig Arbeitende im Besonderen genauer einschätzen zu können.[12]

Konflikt ist für Dahrendorf also eine universelle soziale Tatsache, ja, vielleicht sogar „ein notwendiges Element allen gesellschaftlichen Lebens".[13] Nach meiner Auffassung drängt sich bei Formulierungen dieser These jedoch sofort die Erinnerung an Webers soziologischen Grundbegriff des „Kampfes" auf, der ja die Spannbreite vom friedlichen Wettbewerb bis hin zur Repression umfasst. Der friedliche Wettbewerb treibt voran (Wandel), Repression ist destruktiv. Dahrendorf trifft diese Unterscheidung jedoch nicht! Im Gegenteil: Er identifiziert Konflikt mit Repression.

> „Zum Instrumentarium des Konfliktmodells der Gesellschaft gehört neben Wandel und Konflikt noch ein dritter Gedanke: der Gedanke des Zwanges. Vom Standpunkt dieses Modells werden Gesellschaften nicht durch Consensus (wie bei Parsons – J.R.), nicht durch allgemeine Übereinstimmung, sondern durch die Kontrolle einiger durch andere zusammengehalten."[14]

Anders als bei Durkheims *constraint social* erscheint Zwang nun tatsächlich als Verhältnis von Macht und (gradueller) Ohnmacht und entschieden weniger als friedlicher Wettbewerb und repressionsfreie Konkurrenz. An anderen Stellen versteht Dahrendorf unter Konflikten allerdings abgeschwächter „alle strukturell erzeugten Gegensatzbeziehungen von Normen und Erwartungen, Institutionen und Gruppen ... Entgegen dem Sprachgebrauch müssen diese Konflikte keineswegs gewaltsam sein."[15] Gegensätzliche Normen und Erwartungen – gegensätzliche Interessen werden ebenfalls erwähnt[16] – sind jedoch nicht zwangsläufig von der gleichen Art wie latente oder manifeste Konflikte zwischen Herr und Knecht bzw. wie der Kampf um das Surplusprodukt. Von Fall zu Fall verschieben sich also die Akzente des Dahrendorf'schen Konfliktbegriffes. Eine eher formale Definition von „Konflikt" wird ebenfalls vorgeschlagen: „Der Begriff des Konfliktes soll zunächst jede Beziehung von

12 Die Artikel über „Die Funktionen sozialer Konflikte" und „Bürger und Proletarier. Die Klassen und ihr Schicksal" sowie die „Elemente einer Theorie des sozialen Konflikts" finden sich in R. Dahrendorf: Gesellschaft und Freiheit. Zur soziologischen Analyse der Gegenwart, München 1962.

13 R. Dahrendorf: Gesellschaft und Freiheit, a.a.O., S. 114.

14 A.a.O., S. 110.

15 A.a.O., S. 125.

16 A.a.O., S. 197.

Elementen bezeichnen, die sich durch die objektive (»latente«) oder subjektive (»manifeste«) Gegensätzlichkeit kennzeichnen lässt."[17] „Gegensatz" könnte in diesem Falle die strikte Gegenläufigkeit, also strenge Unvereinbarkeit meinen. Etwa wie in dem trivialen, aber folgenreichen Fall, dass Käufer an möglichst niedrigen, Verkäufer an möglichst hohen Preisen interessiert sind. Dahrendorf denkt ganz offenkundig an Dichotomien. „Jedoch lässt jeder Konflikt sich auf eine Beziehung von zwei und nur zwei Elementen zurückführen."[18] Empirisch ist das gewiss nicht durchweg der Fall. Im Hinblick auf soziale Ungleichheiten vertritt er die These, dass

> „Ungleichheiten des Ranges sich auf die ungleiche Verteilung von Herrschaft in sozialen Verbänden zurückführen lassen, dass es sich also bei den hier in Frage stehenden Konflikten stets um Konflikte auf Grund von und um Herrschaft handelt".[19]

Ist die Ehre eine eindeutige Funktion der Macht?

Die Akzente werden bei ihm im Achsenkreuz von *Reichtum*, *Macht* und *Ehre* eindeutig auf die Dimension von Macht und Herrschaft als Grundbestimmung gesetzt. Die Marx'sche Herleitung der Klassen aus den Eigentumsverhältnissen (*Reichtum*) hält er für einen Fehler. Denn „soziale Konflikte erwachsen aus der Struktur von Gesellschaften, insoweit sie Herrschaftsverbände sind".[20] Diese allgemeinen konflikttheoretischen Überlegungen überträgt Dahrendorf auf die Frage nach der Entwicklung des Verhältnisses von Bürgern und Proletariern in der Geschichte der bürgerlichen Moderne. Dieses Verhältnis, so Dahrendorf, hat sich einschneidend verändert, aber nichts spricht für die These, „dass mit der alten Spaltung in Bürger und Proletarier alle Klassen und Klassengegensätze verschwunden sind".[21] Mit Marx müsse und könne man weiter mit Klassen als eine Kraft in sozialen Konflikten rechnen. Doch ansonsten gäbe es kaum noch einen Bezug von Marx' Thesen zur veränderten Realität der bürgerlichen Gesellschaft. Gleichwohl sei es soziologisch sinnvoll, davon auszugehen, dass eine jede Gesellschaft Gruppenkonflikte aufweise, die für den jeweiligen Gesellschaftstypus charakteristisch sind. Dem entspricht die Annahme einer Kernstruktur der Gesell-

17 A.a.O., S. 201.
18 A.a.O., S. 202.
19 A.a.O., S. 213.
20 A.a.O., S. 220.
21 A.a.O., S. 135.

schaft. Auch daraus folgt keineswegs, die tatsächlichen Verhältnisse in der Gesellschaft müssten allein mit Hilfe eines dichotomischen Zweiklassenmodells begriffen werden.

Herrschaft manifestiert sich für Dahrendorf ganz formal in der Unterscheidung zwischen denen „oben" und denen „unten."

> „»Oben« und »Unten«, Herrschende und Beherrschte gibt es in jeder Gesellschaft. Die Annahme liegt nahe, in dieser Spaltung den letzten Ursprung der dominanten Konflikte jeder Gesellschaft zu suchen."[22]

Damit ergibt sich eine einschneidende Differenz zur Surplustheorie der Klassenbildung:

> „Der Kampf zwischen Lohnarbeit und Kapital, Proletariat und Bourgeoisie war in seinem formalsten Aspekt ein Kampf um die Möglichkeit der Bestimmung des eigenen Schicksals, also ein Kampf um die Herrschaft. In dieser Erweiterung wird die Klassentheorie auf alle bekannten Gesellschaften anwendbar."[23]

Die Surplustheorie nimmt eine solche Erweiterung ebenfalls vor, jedoch in Richtung auf die Universalgeschichte der Zivilisationen, als deren Dreh- und Angelpunkt der Kampf um das *Surplusprodukt* angesehen wird. Dass „Kampf" immer auch die gegebenen Potentiale der *Macht* der Herren und die *Gegenmacht* (wenn nicht Ohnmacht) der Mägde und Knechte verweisen kann, bedeutet eine Selbstverständlichkeit. Verfestigt werden die Herrschaftsverhältnisse (sie sind bei Marx gleich den Produktionsverhältnissen) nicht zuletzt auch durch die kulturell sedimentierten Hierarchien der *Ehre* (des gesellschaftlichen Ansehens). Doch eine so maßgebende Ausrichtung der Untersuchung auf die Dimension der *Macht* (Herrschaft) wie bei Dahrendorf kann zu einer Verkürzung der Analyse beitragen.

Er legt – wie es damals des Öfteren geschehen ist – Marx auf eine gewisse Weise auf ein Zweiklassenmodell der Analyse fest, weil er Machtverhältnisse als grundsätzlich dichotomisiert ansieht. „Der analytische Ansatz der Marxschen Konzeption und die Annahme eines Gegensatzes zweier Klassen sind unverändert sinnvolle Elemente einer Klassentheorie."[24] Ja, das stimmt – aber nur in *der* Hinsicht, dass sie einen höchst abstrakten, idealtypisierten Eindruck von der

---

22 A.a.O., S. 154.

23 A.a.O., S. 161.

24 A.a.O., S. 160.

Kernstruktur sozialer Diskrepanzen in einer Epoche vermittelt. Bedenkt man jedoch die Möglichkeiten, die Marx' Kreislaufmodelle im zweiten Band des »Kapital« für eine konkretere Klassenanalyse der Sozialstruktur, also für ein Modell mit einer ganzen Reihe verschiedener Klassen eröffnen, dann erscheint Dahrendorfs Reduktion von Konflikten auf eine dichotomische Relation jeder Hinterfragung wert. Sehr einleuchtend ist nach meiner Auffassung jedoch ein anderer Hinweis, den er gibt:

> „Eine sinnvolle Klassentheorie wird der Tatsache Rechnung tragen müssen, dass es Klassen und Klassenkonflikte zwar nach wie vor gibt, dass der Klassenkampf und der Ruf nach der Revolution aber durch geregeltere Formen der Auseinandersetzung zwischen den Klassen ersetzt worden sind."[25]

Aus diesem Grunde halte ich nun einmal die Gleichsetzung von „Kampf" mit dem breiten Spektrum der Bedeutungen für sinnvoll, in dem sich Webers Begriff des „Kampfes" aus dem § 8 seiner „Soziologischen Grundbegriffe" bewegt.

25 A.a.O., S. 161.

Kapitel 7
Schichten anstelle von Klassen

Dass die Zeit der Klassenanalyse und Klassenpolitik abgelaufen sei, wenn der gesamte Klassendiskurs nicht gar grundsätzlich als obsolet abgebucht wird, bedeutet keineswegs, sämtliche Autorinnen und Autoren, welche diese These vertreten, befassten sich nicht länger mehr mit sozialen Diskrepanzen und/oder sozialer Ungleichheit überhaupt. Sie sehen jedoch die Klassengesellschaft im „Schmelztiegel".[1] Gleichzeitig tritt für einige von ihnen ein neuer Typus von gesellschaftlichen Ungleichheiten auf gesamtgesellschaftlichem Niveau in den Vordergrund. Dabei tritt in einer Reihe von Fällen der Begriff der *Schicht* an die Stelle der Kategorie der Klasse. Theodor Geiger (1891–1952) hat der in diese Richtung laufende Entwicklung entscheidende Anstöße gegeben. Im Amerikanischen (anders als in Großbritannien) hat allerdings *class* immer schon die Statūs von Personen und Gruppen in einer Schichthierarchie und nicht „Klasse" im klassischen Sinn, geschweige denn in dem von Marx bedeutet. Ursprünglich dessen Lehre keineswegs ablehnend gegenüberstehend, setzt sich Geiger kritisch mit Prognosen auseinander, die Marx mit Blick auf die Zukunft der kapitalistischen Gesellschaft abgegeben hat. Falsche marxistische Voraussagen bieten ihm den Anlass für seine These von der Einschmelzung des Klassenbegriffs. Im Vordergrund der Vorbehalte steht jene berühmte, aus dem »Kommunistischen Manifest« stammende Voraussage: „Die ganze Gesellschaft spaltet sich mehr und mehr in zwei große feindliche Lager, in zwei große direkt einander gegenüberstehende Klassen: Bourgeoisie und Proletariat."[2] Infolgedessen würden die Mittelklassen – längerfristig gesehen – zwischen diesen beiden Mühlsteinen zerrieben. Die nämliche Textstelle hat entscheidend dazu beigetragen, Marx ein Zweiklassenmodell der Ungleichheit-

1 Th. Geiger: Klassengesellschaft im Schmelztiegel, Köln/Hagen 1949.

2 MEW 4; S. 462.

struktur nachzusagen. Dagegen macht Geiger – wie eine Reihe anderer Personen auch – u.a. die These geltend, zwar seien die alten Mittelschichten der Kleinbauern, kleinen Selbständigen sowie der Handwerker und Kleinhändler des spätmittelalterlichen Typs zusammengeschrumpft, stattdessen sei jedoch eine neue Mittelschicht entstanden und im Entstehen. Dazu gehören z.B. Büroangestellte, Beamte und andere öffentlich Bedienstete. Es entsteht eine „neue Mittelschicht". In der bei Marx und Engels oftmals als homogen erscheinenden Schicht „des" Proletariats sind zudem immer weiterreichendere innere Differenzierungen eingetreten. Denn im Zuge des technischen Fortschritts gibt es ganz unterschiedliche Anforderungen an die Qualifikation der abhängig Arbeitenden. Dadurch entstehen deutlich verschiedene Einkommenschancen und signifikante Einkommensunterschiede innerhalb der Arbeiterschaft selbst. Aus diesem Grunde macht es auch keinen Sinn mehr, „der" Klasse der Arbeiter einheitliche Interessen zuzuschreiben.[3] Von einer Verelendung des Proletariats, die Marx zweifellos am Schicksal vieler Arbeiterfamilien – nicht zuletzt aufgrund ihrer Arbeitsbedingungen in den Fabriken der sich abzeichnenden Industriegesellschaft ablesen konnte – kann wahrlich nicht länger mehr in einer vergleichbaren Form die Rede sein. Für Marxkritiker aller Art wird dann das Auftreten des *affluent worker* in der „Wohlstandsgesellschaft" später zum Anstoß dafür, der Kritik der politischen Ökonomie insgesamt die Brauchbarkeit bei der Untersuchung der Sozialstruktur der „westlichen" Gesellschaften abzusprechen.[4] Daher muss die Gesellschaft ihren Untersuchungen eine neue Begrifflichkeit zugrunde legen. Theodor Geiger will schon 1949 der Fiktion eines Zweiklassenmodells der Klassengesellschaft einen Begriff entgegensetzen, welcher der Vielschichtigkeit der gesellschaftlichen Ungleichheitsstruktur moderner Gesellschaften besser Rechnung trägt als der Klassenbegriff: das ist für ihn der Begriff der *sozialen Schicht.*

Keine Theorie kann sich ganz frei von bildhaften Vorstellungen, Metaphern und Analogien halten. *Stratum* bedeutet im Latein ein Polster oder eine Satteldecke, aber auch Ablagerungen wie bei Erdschichten (*strata*) können gemeint sein. Von daher wird die

3 Vgl. Th. Geiger: Klassengesellschaft im Schmelztiegel a.a.O., S. 86 ff.

4 Vgl. J. H. Goldthorpe et altera: The Affluent Worker, 3 Bände, Cambridge 1968 und 1969.

Schichtforschung auch als *Stratifikationsforschung* bezeichnet. Die einzelnen *strata* des schichttheoretischen Ansatzes setzen sich aus vergleichbaren *Positionen* zusammen, wobei an das Tun und Lassen ihrer Inhaber bestimmte *Erwartungen* gerichtet sind. Diese Positionen werden vorzugsweise nach dem Grad der *Ehre* (des gesellschaftlichen Ansehens, des Sozialprestiges) geordnet, was eine *Statushierarchie* wie bei den Skalen des Prestiges aktueller Berufe ergibt. Die Positionen werden also meist als hierarchisierte Stellungen im Berufsleben behandelt. Personen mit gleichem Status befinden sich in einer gleichen Lage. Die Frage für die Korrelationsstatistik ist, ob sie überhaupt gemeinsame Interessen, Orientierungen, Wünsche und Pläne haben. Völlige Homogenität ist auch in diesem Falle nicht zu erwarten.

Offensichtlich liegt der Hauptakzent von Schichttheorien im Achsenkreuz von Reichtum, Macht und Ehre auf der *Ehre*, auf dem Ansehen (Sozialprestige). Schichttheorien unterscheiden sich je nachdem, wie stark das Gewicht ist, das sie auf das Merkmal des Prestiges (Ehre) legen. Das lässt sich gut an der Definition des Schichtbegriffs ablesen, die Th. Geiger vorgeschlagen hat: „Jede *Schicht* besteht aus vielen Personen (Familien), die irgendein erkennbares Merkmal gemeinsam haben und als Träger dieses Merkmals einen gewissen Status in der Gesellschaft und im Verhältnis zu anderen Schichten einnehmen. Der Begriff des *Status* umfasst Lebensstandard, Chancen und Risiken, Glücksmöglichkeiten, aber auch Privilegien und Diskriminierungen, Rang und öffentliches Ansehen."[5] Das Sozialprestige steht eindeutig im Zentrum dieser Definition. Reichtum und Macht tauchen jedoch implizit ebenfalls auf. Denn die Dimensionen Reichtum und Armut scheinen im „Lebensstandard" aufgehoben, während Macht und Herrschaft an die Kategorien „Privileg" und „Diskriminierung" gekoppelt sein könnten. Auf diese Weise wird der Schichtbegriff zumindest indirekt ebenfalls im ungleichheitstheoretischen Achsenkreuz von Reichtum, Macht und Ehre verortet. Es gibt Fälle, in denen *status* die Lage einer Person oder Gruppe auf *irgendeiner* Skala meint, die *irgendwelche* Über- und Unterordnungen markiert. „Die bessere

---

5 Th. Geiger: Theorien der sozialen Schichtung, in ders.: Arbeiten zur Soziologie, Neuwied 1962, S. 162. Vgl. auch Th. Geiger: Die soziale Schichtung des deutschen Volkes. Soziographischer Versuch auf statistischer Grundlage, Stuttgart 1987.

oder schlechtere Stellung eines Menschen im Oben und Unten einer Dimension sozialer Ungleichheit wird üblicherweise als *‚status'* bezeichnet. In der neueren Literatur zur Ungleichheitssoziologie wird dieser Begriff auf alle Dimensionen sozialer Ungleichheit angewendet."[6] Damit verschwimmen die Begriffe endgültig. Denn nach diesem Verständnis läge überall da, wo sich die Stellung von Personen und Gruppen auf zumindest ordinalskalierten Stufenleitern irgendeiner Hierarchie lokalisieren lässt, eine Schichtung vor. Schichtung erscheint als Hierarchisierung überhaupt und wird allem Anschein nach mit „sozialer Ungleichheit" deckungsgleich verwendet.

Eine Art Zwischenstellung zwischen einem explizit oder implizit im Achsenkreuz von Reichtum, Macht und Ehre verorteten Schichtbegriff – wobei die „Ehre" stets die Grundbestimmung abgibt – und der Universalisierung des Status-Hierarchiegedankens nimmt das Verfahren der Kategorisierung von Schichten mit Hilfe von Indices ein. Als schlichtester Index, der jedoch bis auf den heutigen Tag in den verschiedensten Studien der Sozialstrukturforschung, vor allem in der Markt- und Meinungsforschung Verwendung findet, kann der SEB-Index angesehen werden. S steht für „Schulbildung", E für „Einkommen", B für „Beruf". Die Schulbildung wird mit einer Rangskala „gemessen", die weitgehend den Schulstufen bzw. den Schulabschlüssen entspricht. Der Realschulabschluss nimmt einen höheren Rang als der Volksschulabschluss ein usf. Das Einkommen kann – anders als der Schulabschluss – auf dem höchsten Skalenniveau, d.h.: auf dem Rationalskalenniveau ermittelt werden. Denn das Einkommen kann gleich Null oder unter Null sein. Der „Messung" des Berufsprestiges liegen wiederum Rangskalen zugrunde, die das Ansehen widergeben sollen, welches mit signifikanten Berufen verbunden ist. Beim Berufsprestige kann man repräsentativ ausgewählte Personen dazu anregen, eine Liste von Berufspositionen nach dem Kriterium ihres gesellschaftlichen Ansehens zu hierarchisieren. Nach den Ergebnissen der „Allensbacher Berufsprestigeskala ®" z.B. stehen helfende und rettende Berufe an erster Stelle der Skala: Arzt vor Krankenschwester, Polizei, Lehrer(innen) ... Am unteren Ende finden sich Politiker, Banker und am Schluss Fernsehmoderatoren wieder. In anderen Skalen

6 St. Hradil: Soziale Ungleichheit in Deutschland, Wiesbaden 2005 (8. Auflage), S. 33.

stehen Feuerwehrleute an erster Stelle. Aus der Stellung der einzelnen Person auf den drei Skalen wird ihr Index „berechnet". Die mathematischen Probleme der Umrechnung von Einzelwerten, die auf verschiedenen Typen von Skalen liegen, zu einem „Index" als einheitlicher Maßzahl, auch mögliche „Gewichtungen" von Werten, muss man tapfer beiseiteschieben. Die KI wird helfen. Gleichwohl lässt sich der verblüffende Sachverhalt festhalten, dass jemand, der oder die auf der Einkommensskala ziemlich weit oben steht, eine Hochschulbildung aufweist und als Gymnasiallehrer(in) tätig ist, einen signifikant höheren sozialen Status insgesamt aufweist als diejenige Person, welche als Immobilienmakler bei spärlichem Umsatz im Hinterhofbüro tätig ist. Auf dieser Basis werden dann auch die Schichten voneinander abgegrenzt. Ab einem Indexwert von x gehört man zur Mittelschicht bis zu einer Obergrenze y usf. Eine spezifische Spannbreite der höchsten Werte auf den drei Skalen verweist auf „oben" = Oberschicht. Die Unterschicht, in der sich Personen mit (vergleichsweise) geringem Einkommen, niedriger Schulbildung und Berufen mit geringem Sozialprestige befinden so wie die „Mitarbeiter von Werbeagenturen" bildet das andere Ende. Die Mittelschicht liegt dazwischen. Damit verfügt man über das höchst vereinfachte, aber keineswegs ungebräuchliche Schema von Oberschicht (OS), Mittelschicht (MS) und Unterschicht (US). Dass es sich dabei um äußerst inhomogene Gruppierungen handelt, liegt auf der Hand. Deswegen gab und gibt es verschiedene Vorschläge, ein differenzierteres Bild der Schichtstruktur der BRD oder anderer Gesellschaften zu zeichnen. Es werden „Schichtmodelle" vorgeschlagen, die jedoch keine Modelle in einem strengeren wissenschaftssoziologischen Sinn sind, sondern graphische Veranschaulichung mehrerer Schichten, also Schemata darstellen. Da gibt es beispielsweise das Zwiebelmodell sozialer Schichtung, das K.M. Bolte in den 60er Jahre des vorhergehenden Jahrhunderts vorgeschlagen hat. Um ein Zwiebelmodell handelt es sich deswegen, weil die Statuszonen der Oberschicht und der „oberen Mitte" vergleichsweise schwach besetzt sind (damals 2 bzw. 5 %). Darunter gibt es den sog. „Mittelstandsbauch" als die breite (70 %), aber keineswegs nivellierte Mittelschicht. Dabei wird u.U. eine Binnengliederung in „mittlere Mitte", „untere Mitte" und „unterste Mitte" vorgenommen. Der Mittelstandsbauch verdankt sich vor allem dem „neuen Mittelstand", wozu Angestellte und die verschiedensten Dienstleister gehören. Doch auch eine „Arbeiterelite" wird hinzugerechnet.

Ganz unten mündet die Zwiebel dann wieder in eine dünne Spitze aus. Es handelt sich um die Statuszone der „sozial Verachteten" (ca. 4 % damals). Heute würde man insbesondere vom „Prekariat" sprechen.[7] Es gibt eine Reihe unterschiedlicher „Schichtmodelle". So kann in anderen Fällen die geschichtete Gesellschaft als eine Pyramide erscheinen, die eine breite Bodenplatte und eine dünne Spitze aufweist. Oder es wird ein Haus gebaut, das mehrere, nach oben hin schmaler werdende Stockwerke aufweist.[8] Die häusliche Gruppenbestimmung fällt differenzierter aus als manch anderes Schema: Unten findet man die un- und angelernten Arbeiter sowie eine un- und angelernte Dienstleistungsschicht, über der die gelernte und ausführende Dienstleistungsschicht steht. Parallel zu dieser sind die Facharbeiter gelagert. Im nächsten Stockwerk darüber befindet sich die breite, mittlere Dienstleistungsschicht, an deren unteren Ende auch die Arbeiterelite eingepasst wird. In einer sich zur Pyramide formierenden, dünner werdenden Spitze haust die „höhere Dienstleistungsschicht" und *on the top* ragt die dünne Spitze (1 %) der „Machtelite" in den Himmel. Zu den Besonderheiten des Hauses gehört, dass ein „selbständiger Mittelstand" einen Wohnbereich einnimmt, der knapp unterhalb der Spitze beginnt und bis zur Bodenplatte der „mittleren Dienstleistungsschicht" reicht.

Diese knapp zusammengefassten Beispiele reichen schon aus, um auf theoretische und operationalisierungstechnische Probleme aufmerksam machen zu können, vor denen eine *jede* empirisch gerichtete Ungleichheitstheorie steht:

1. Auch wenn das trivial klingen mag: Ein jeder sozialwissenschaftliche Ansatz, der Aussagen über eine Gruppe, Schicht oder Klasse, überhaupt über soziale Diskrepanzen machen will, steht vor dem Problem sozial relevante Merkmale aufzugreifen, welche für die Zuordnung zu dieser oder jener logischen Klasse von Individuen objektiv maßgebend sein sollen.
2. Ein jeder sozialwissenschaftlicher Ansatz, dessen Aussagen sich auf Kollektive oder Kollektivgebilde beziehen, stützt sich auf sozialontologische Voraussetzungen. Gibt es „die Klassen" als Phänomen in der gesellschaftlichen Wirklichkeit (Sozialrealismus) oder

7 Vgl. H. Bude: Die Ausgeschlossenen. Das Ende vom Traum einer gerechten Gesellschaft, München 2008.

8 Vgl. H. Geißler: Die Sozialstruktur Deutschlands. Die gesellschaftliche Entwicklung vor und nach der Vereinigung, 3. Auflage, Wiesbaden 2002, S. 119.

handelt es sich nur um einen mengenlogischen Begriff (Namen), der Merkmale des tatsächlich Existierenden – und das sind allein die Individuen – zusammenfasst (Sozialnominalismus)?

3. Damit steht eine *jede* Theorie kollektiver Gebilde vor dem Problem, ob „Klassen“ oder „Schichten“ nichts anderes als gedankliche Artefakte darstellen und/oder worin deren Bezug zur gesellschaftlichen Realität besteht. Je schwächer die Korrelation z.B. zwischen errechneter Schichtzugehörigkeit als unabhängiger Variablen und bestimmten Denk- und Handlungsmustern der untersuchten Gruppierung als abhängige Variable ist, desto mehr erregt ein solches Modell den Verdacht, nicht realitätsgerecht zu sein. Wobei zu allem Überfluss noch das aus elementaren Statistikkursen bekannte Phänomen hinzutritt, dass eine statistisch signifikante Korrelation nicht schlankweg als ein realer Kausalzusammenhang gedeutet werden kann.
4. Jede auf Kollektive bezogene Theorie der Sozialstruktur steht vor dem erkenntnislogischen Problem, über die Zugehörigkeit der einzelnen empirischen Fälle zu logischen Klassen entscheiden zu müssen, ohne über einen Zuordnungsalgorithmus zu verfügen, der es garantieren würde, dass keine nicht mehr eindeutig zuordenbaren Fälle übrigbleiben, die Residualkategorie also eine Besetzung gleich Null aufweist. Sofort paddelt das Schnabeltier wieder durch die Szenerie. Wo gehört es in der Ordnung der Fauna genau hin? Vogel, Säugetier? Vor all *diesen* Problemen steht aber auch die Klassentheorie.

Theodor Geiger vertritt wie viele andere die auf die Empirie verweisende *Klassenerosionsthese*. Die klassische Klassenstruktur, so heißt es, ist dabei, sich aufzulösen. An deren Stelle treten andere Erscheinungsformen sozialer Diskrepanzen wie eben die Schichten. Für diese Annahme werden geschichtliche Entwicklungen und einschneidende Veränderungen der bürgerlichen Gesellschaft geltend gemacht. Eine besondere Betonung finden dabei alle jene Tendenzen, welche Annahmen der Marx'schen Klassentheorie widersprechen.

Aber man kann ihm drei wesentliche, keineswegs substanzlose Hauptangriffspunkte entnehmen:

(1) Die ohnehin immer schon inhomogene Klasse der Industriearbeiter, also des klassischen Proletariats, hat nicht annähernd mehr die politische und theoretische Bedeutung, die ihm im 19.

und zu Beginn des 20. Jahrhunderts zugeschrieben wurde. Das ist zweifellos der Fall. Wo Staatenlenker dann weiter im Namen „des Proletariats“ zu handeln erklärten, gab es eher die Diktatur einer Funktionärselite oder eine Art autoritärer Staatskapitalismus wurde wie zuletzt in China etabliert. Doch dieser Hinweis reicht wahrlich nicht aus, um behaupten zu können, die Kritik der politischen Ökonomie sei nicht in der Lage, veränderten politischen und gesellschaftlichen Verhältnissen Rechnung zu tragen. Mir erscheint dies als ein etwas voreiliger Abgesang, auch wenn die Klassentheorie natürlich weiterhin normalwissenschaftliche Rätsel impliziert. Das Basis-Überbau-Problem ist nur eines davon.

(2) Wieso die Ausdehnung des tertiären Sektors ein Argument wider die Brauchbarkeit der Surplustheorie der Klassenformierung sein soll, erschließt sich mir nicht. Die Kämpfe um das Surplusprodukt wurden und werden nicht stillgestellt, auch wenn sie oftmals in den geregelten Bahnen von Arbeits*kämpfen* geführt werden, die auch im Dienstleistungssektor stattzufinden pflegen. Es hat sich überdies inzwischen herumgesprochen, dass es nicht nur in den USA (wo das zweifellos besonders krass ist) eine große Kluft zwischen der kleinen Zahl der sog. „Superreichen“, der Gruppe der „Geringverdiener“ und sogar vielen „Mittelständlern“ gibt. Mit umfänglichem Material belegt Th. Piketty die zentrale These seines Buches über »Das Kapital im 21. Jahrhundert«:

> „Wenn die Kapitalrendite dauerhaft höher ist als die Wachstumsrate von Produktion und Einkommen, was bis zum 19. Jahrhundert der Fall war und im 21. Jahrhundert wieder zur Regel zu werden droht, erzeugt der Kapitalismus automatisch inakzeptable und willkürliche Ungleichheiten, die das Leistungsprinzip, auf dem unsere demokratischen Gesellschaften basieren, radikal in Frage stellen.“[9]

Die massiven Widerstände gegen den Klacks einer sog. „Reichensteuer“ hierzulande machen deutlich, wie die Machtverteilung weiterhin aussieht.

(3) Der wachsende Wohlstand der Unterklassen ist zweifellos nicht zu verachten. Aber auch aus diesem Befund folgt auf keinen geraden logischen Wegen, dass die Mechanismen der Surplusappropriation außer Kraft gesetzt seien.

(4) Dass die klassischen proletarischen Milieus, die sog. „Arbeiterviertel“ (wie das Gallus in Frankfurt a.M.) verschwinden, heißt

9 Th. Piketty: Das Kapital im 21. Jahrhundert, München 2020, S. 13 f.

nicht, es gäbe keine „Armenviertel“ und z.B. das spezifische Milieu des „Prekariats“ mehr. Sog. „soziale Brennpunkte“ sprechen dagegen.

Die Intelligenz als neue Klasse?

Es gibt Autoren, nach deren Auffassung im Zug der einschneidenden Veränderung der Industriegesellschaft und ihrer Zurückdrängung durch die Dienstleistungsgesellschaft neue soziale Klassen aufgetaucht sind. Diese Sichtweise wird maßgeblich dadurch mitgeprägt, welches Gesellschaftsbild jeweils dominiert und wie die Kernstruktur einer Gesellschaft bestimmt wird. Exemplarisch ist ein Buch von Daniel Bell.[10] Was hier als „Kernstruktur“ – wie etwa in der Erscheinungsform von Feudalharr und Hörige im Absolutismus – heißt bei Bell „axiales Prinzip“. Bells Schrift erweckt ebenfalls den Eindruck, dass die Surplustheorie der Klassenformierung zu verabschieden sei. Denn Kapitalismustheorien wie die Kritik der politischen Ökonomie stützten sich auf die Vorstellung einer Gesellschaft, „die längs der Achse der den wirtschaftlichen Überschuss (Surplus? – J.R.) aufteilenden privaten Eigentumsverhältnisse organisiert ist“.[11] Die Vorstellung dieses „axialen Prinzips“, worum sich die Gesellschaft dreht, sei deswegen veraltet, weil inzwischen so einschneidende gesellschaftliche Veränderungen eingetreten seien, dass es im Prinzip der Einsichten in „eine völlig andere Art von Gesellschaft bedürfe“.[12] Dafür seien *erstens* Entwicklungen und Veränderungen verantwortlich, die sich „entlang der Achse der aufkommenden ‘intellektuellen Technologien’“ abspielten.[13] Deswegen könne man inzwischen eine „zentrale Stellung des theoretischen Wissens“ feststellen.[14] Allerdings: Ein wirklich einschneidender Unterschied zu den bekannten Annahmen der Kritik der politischen Ökonomie über den Einfluss der Änderung technischer Produktivkräfte auf den Wandel von Wissensbeständen ist an dieser Stelle kaum aus-

10 D. Bell: Die nachindustrielle Gesellschaft, Frankfurt a.M. 1975. A. Touraine prägt den Begriff „postindustrielle Gesellschaft. Vgl. A. Touraine: Die postindustrielle Gesellschaft, Frankfurt a.M. 1972.

11 D. Bell: Die nachindustrielle Gesellschaft, a.a.O., S. 10.

12 A.a.O., S. 12.

13 A.a.O., S. 10.

14 Diese beschreibt Marx im Hinblick auf die Ersetzung lebendiger Arbeit durch Maschinen z.B. in den »Grundrissen« auf den Seiten 590 ff.

zumachen. Die *zweite,* schon erwähnte Tendenz wird im Titel von Bells Buch angesprochen: die Tendenz zum Verlust des Ranges, den der sekundäre Sektor der Wirtschaft geraume Zeit eingenommen hatte. Diese Entwicklungen betrafen nicht zuletzt die Schwerindustrie und den Kohlebergbau, was man in Krisenregionen wie dem Ruhrgebiet, der Saar, Lothringen, Birmingham oder am *rust belt* an den großen Seen (Chicago, Detroit) sowie im Mittelwesten der USA ablesen konnte und kann. Als eine *dritte* Tendenz wird wie üblich die gleichzeitige Ausdehnung des tertiären Sektors erwähnt. Die axialen Prinzipien der *Dienstleistungsgesellschaft* prägen von da an das gesellschaftliche Mit- und Gegeneinanderleben. „Humandienstleistungen" im Bereich des Gesundheits-, Bildungs- und Erholungswesens werden immer bedeutsamer. Gewicht gewinnen, zudem die „akademischen Dienstleistungen". Dazu rechnet der Bereich der Forschungs- und Entwicklungsarbeiten. Heutzutage ist der IT-Bereich ergänzend zu erwähnen. Akademisches Wissen bedeutet für Bell eine postindustrielle Macht.

Diese Thesen begründen die *vierte,* die entscheidende Aussage: In der nachindustriellen Gesellschaft entsteht eine neue Klasse! Von dieser hieß es damals, sie würde „die Führung in der Gesellschaft" übernehmen.[15] Sie trete also in ihrer politisch-gesellschaftlichen Bedeutung an die Stelle des Industrieproletariats.

> „Tatsächlich schrumpft die Zahl der Industriearbeiter in jeder fortgeschrittenen Industriegesellschaft im Vergleich zur Zahl der Techniker und Akademiker immer mehr, wodurch sich neue Dimensionen im Schichtungssystem einer Gesellschaft eröffnen."[16]

Jetzt ist jedoch von einem Schichtungssystem und nicht von einer Klassenstruktur die Rede. Es könnte sich wieder einmal um *class* im US-amerikanischen Sinn handeln. A. Gouldner hat die These vom Entstehen der Intelligenz als neue Klasse in seinem Buch über die Intelligenz als Überbauarbeiter ebenfalls als „neue Klasse" bezeichnet.[17] In seinem Falle gehen die Bezüge zur Surplustheorie und zum überlieferten Klassenbegriff nicht ganz verloren.

---

15 A.a.O., S. 16.

16 Ebd.

17 A. Gouldner: Die Intelligenz als neue Klasse – 16 Thesen zur Zukunft der Intellektuellen und der technischen Intelligenz, Frankfurt/New York 1980.

Kapitel 8
Risiko, Entstrukturierung und das Milieu „neuer" Sozialer Ungleichheiten

Besonders nachdrücklich erteilt Ulrich Beck (1944–2015) dem Klassenbegriff als „Zombiebegriff" endgültig den Laufpass. Die Gesellschaft der Gegenwart ist für ihn auf dem „Weg in eine andere Moderne", die natürlich auch einen neuen Typenbegriff im umfänglichen Katalog der Bindestrich-Gesellschaften verlangt. Jetzt ist es die *Risikogesellschaft.* „Risiko" bedeutet in diesem Falle keine Bereitschaft zu einer Maßnahme trotz aller Unsicherheiten, die hinsichtlich ihres Erfolgs oder Ausgangs bestehen. Vielmehr sind gesellschaftliche Problemsituationen gemeint, die bis zur Bedrohung des elementaren Prinzips der Selbsterhaltung führen könnten. Es geht um die Konsequenzen von Entscheidungen, Maßnahmen und Prozessen, welche wachsende Nachteile und immer mehr Schadenswahrscheinlichkeiten für weltweit immer mehr Menschen immer wahrscheinlicher machen. Sie können mit ihren unkalkulierbaren und nicht versicherbaren Unsicherheiten auf eine Zukunft der Menschheit hinweisen, wie sie sich beispielsweise aufgrund der Folgen der Atomindustrie oder der Umweltzerstörungen abzeichnen. Beck hat in seinem Buch vor allem die unmittelbaren Folgen der Reaktor-Kernschmelze in Tschernobyl vor Augen. Aus solchen tatsächlichen oder erwartbaren Katastrophen zieht er den Schluss, die Sozialstruktur der modernisierten Moderne könne *weder* noch länger in der Tradition der 'Klassenformierung' von Karl *Marx*, noch im Einklang mit der Annahme „ständisch-marktvermittelter Vergemeinschaftung in 'sozialen Klassenlagen' bei Max *Weber* zureichen begriffen werden".[1] Die Ungleichheitstheorie müsse sich

1 U. Beck: Jenseits von Stand und Klasse? Soziale Ungleichheit, gesellschaftliche Individualisierungsprozesse und die Entstehung neuer sozialer Formationen und Identitäten, in: R. Kreckel (Hrsg.): Soziale Ungleichheiten, Soziale Welt, Sonderband 2, Göttingen 1983, S. 51 (Herv. i. Org.).

in Bereiche „Jenseits von Marx und Weber" begeben. Als Grund für diese Annahme bemüht er die These, die „Logik der Reichtumsverteilung" werde durch eine „Logik der Risikoverteilung" abgelöst. Damit wird die Surplustheorie der Klassenformierung auf andere Weise als veraltet zurückgewiesen. Die überlieferte Klassentheorien hätten zu den Zeiten der „Mangelgesellschaften" das Gewicht der Theoriebildung und Untersuchung mit Recht auf Probleme der Verteilung sowie auf die Verteilungskämpfe (um das Surplusprodukt) gelegt. Die manifesten oder latenten Auseinandersetzungen zwischen gesellschaftlichen Großgruppen (wie es die Klassen sind) drehten sich zu diesen Zeiten vorwiegend um Besitz und Nicht-Besitz, damit um das Gefälle zwischen Arm und Reich. Aber inzwischen werden die „reichtumsverteilenden" durch die „risikoverteilenden Gesellschaften" abgelöst.[2] Und das heißt auch: Die Industriegesellschaft wird von der Risikogesellschaft abgelöst. Risikogesellschaften sind deswegen keine Klassengesellschaften, weil es *Gefährdungslagen* sind, die nach Beck an die Stelle der überlieferten Klassenlagen getreten sind. Klassengesellschaften waren normativ „in ihrer Entwicklungsdynamik auf das Ideal der *Gleichheit* bezogen ...". Demgegenüber wird die Risikogesellschaft von einem anderen „normativen Gegenentwurf" geleitet, der „ihr zugrunde liegt, und sie antreibt". Das ist die Norm der *Sicherheit.*[3] Im Verlauf dieser Entwicklung, so Beck, kommt es zudem zur „Enttraditionalisierung" der materiellen, vergleichsweise homogenen Kultur von Gruppen mit einer vergleichbaren Stellung im System der reichtumsverteilenden Gesellschaften. Beck spitzt diese These zur Annahme über die Unbrauchbarkeit des Klassenbegriffs zum Zwecke einer Analyse der „anderen Moderne" unserer (jüngeren) Tage weiter zu. Für ihn macht inzwischen überhaupt keinen Sinn mehr, soziale Ungleichheit in Kategorien für Großgruppen wie es die Klassen *und* die Schichten sind, zu erforschen und zu kritisieren. Das klingt fast wie bei Schelsky, ohne dass eine nivellierte Mittelstandsgesellschaft dabei herausschaute. Der Risikobegriff lenkt die Untersuchung auch bei der Frage nach Gleichheit und Ungleichheit in eine völlig andere Richtung als üblich: Die Risikogesellschaft ist weder eine egalitäre, geschweige denn eine problemfreie Ge-

2 U. Beck: Die Risikogesellschaft. Auf dem Weg in eine andere Moderne, Frankfurt a.M. 1986, S. 27.

3 A.a.O., S. 65.

sellschaft. Im Gegenteil: Im „Zuge der exponentiell wachsenden Produktivkräfte" als Ausdruck der jüngsten Modernisierungsschübe seien die „Risiken und Selbstbedrohungspotentiale" in einem Maße angewachsen, dass inzwischen auch diejenigen z.B. von den verschärften Umweltrisiken erwischt werden, welche für deren Entstehung verantwortlich sind und/oder daran verdienen. Beck spricht von einem „Bumerangeffekt", der für die Risikogesellschaft charakteristisch sei. Das Risiko erwischt die Profiteure selbst. Von daher ergibt sich auch ein einschneidender Unterschied zwischen *Besitz* und *Betroffenheit*. Reichtum kann man besitzen, von Risiken ist man betroffen. Risikogesellschaften implizieren nach seiner Auffassung die paradoxe Tendenz zu einer verkehrten Demokratisierung:

> „Risikogesellschaften sind keine Klassengesellschaften – das ist noch zu wenig. Sie enthalten in sich eine *grenzsprengende, basisdemokratische Entwicklungsdynamik*, durch die die Menschheit in der einheitlichen Lage zivilisatorischer Selbstgefährdungen zusammengezwungen wird."[4]

Es kommt mit all dem auch zu einer impliziten Zurückweisung der ungleichheitstheoretischen Trias von Reichtum, Macht und Ehre.

Hält man sich an den manifesten Gehalt all dieser oder ähnlich klingender Aussagen bei Beck, dann bleibt nur die Schlussfolgerung: Ist mit den Klassen und Klassenlagen auch der ganze Kapitalismus (zugunsten der Risikogesellschaft) verschwunden? In gewisser Weise nicht; denn Beck wählt gelegentlich das Wort vom „Kapitalismus ohne Klassen":

> „Die Dynamik des sozialstaatlich abgesicherten Arbeitsmarktes hat die sozialen Klassen *im* Kapitalismus ausgedünnt und aufgelöst. Wir stehen – marxistisch gedacht – mehr und mehr dem (noch unbegriffenen) Phänomen eines Kapitalismus *ohne* Klassen gegenüber mit allen damit verbundenen Strukturen und Problemen sozialer Ungleichheiten."[5]

Ein Kapitalismus ohne Klassen? Das klingt weniger nach einem empirischen Befund, sondern mehr nach einer *contradictio in adjecto*.

Es gibt in der Schrift von Ulrich Beck insgesamt einen erstaunlich gelassenen Umgang des Autors mit handfesten Widersprüchen: So attestiert er der Risikogesellschaft, dass die „Verbreitung und die Vermarktung der Risiken keineswegs mit der kapitalistischen Ent-

---

4 U. Beck: Die Risikogesellschaft, a.a.O., S. 63.

5 A.a.O., S. 117 (Herv. i. Org.).

wicklungslogik" bricht, sondern diese auf eine neue historische Stufe hebt.[6] Im Gleichklang damit wird betont: „Das Industriesystem *profitiert* von den Missständen, die es produziert, und zwar nicht zu schlecht."[7] Was aber bedeutet „Profit" in einem Kapitalismus ohne Klassen? Worin besteht in dieser paradoxen Gesellschaftsformation eine „kapitalistische Entwicklungslogik"? Eine Behebung dieser Widersprüche konnte ich nicht finden.

Becks Versuch über die Risikogesellschaft liefert eines der vielen Beispiele für die Entsorgung der Klassen in Texten der deutschen Soziologie der Nachkriegszeit. Seine Wendung gegen die Bedeutung der Untersuchung von „Großgruppen" wie Klassen *und* Schichten wirft soziale Diskrepanzen überhaupt aus dem Theoriespiel. Es sieht so aus, als mache es überhaupt keinen Sinn mehr, soziale Ungleichheit auf dem *gesamtgesellschaftlichen* Niveau zu suchen und finden zu wollen. Dem folgen auf ihre Weise Denkweisen, die davon ausgehen, „Großgruppen" der modernen Gesellschaft (Proletariat, Bürgertum, Kleinbürgertum etc.) samt deren Lage im Gesamtsystem seien zugunsten einer heterogenen Mannigfaltigkeit neuer sozialer Ungleichheiten verschwunden. Ob diese Annahme eine Funktion empirischer Feststellungen oder einer radikal-nominalistischen Sozialontologie ist, lässt sich schwer ausmachen.

Eine andere Form der Klassenlosigkeit? Das Milieu neuer sozialer Ungleichheiten[8]

Nichts spricht in der empirischen Sozialforschung gegen die Untersuchung einzelner oder vielfältiger sozialer Subsysteme, Subkulturen und spezifischer Milieus. Studien dieses Typs bedienen sich des Öfteren des einfachsten Schichtmodelles (SEB) oder differenzierterer Schichtschemata, um – insbesondere in der Markt- und Meinungsforschung – Korrelationen zwischen Schichtzugehörigkeit und Konsumverhalten, Wahlverhalten etc. auszumachen.

> „Soziale Schichtung schlägt sich nieder und lässt sich ablesen am Verhalten der Menschen zueinander. Wer heiratet wen? Wessen Kinder spielen mit wem? Die Antworten auf diese und ähnliche Fragen wie

6 A.a.O., S. 30.

7 A.a.O., S. 74. (Herv. i. Org.).

8 Vgl. auch J. Ritsert: Reichtum, Macht und Ehre, a.a.O., S. 137 ff.

die nach dem Verhalten zur Umwelt beweisen, wie intensiv die soziale Schicht das Individuum bindet. Aber nicht nur das Verhalten der Menschen zueinander lässt soziale Schichten erkennen, sondern auch das sonstige Tun und Lassen, der Lebensstil, soziale Leitbilder, Erziehungsideale u.a.m. sind weitgehend schichtgebunden, Wohngegend und Haustyp, Kleidung und Sprachgewohnheiten, Sport und Feriengestaltung können so neben vielen anderen Momenten zu Symbolen sozialer Schichtzugehörigkeit werden."[9]

Diese Definition wurde 1958 vorgeschlagen und geht (damals noch) davon aus, soziale Schichten ließen sich als Gegebenheiten „erkennen" und bestimmte Anschauungen, Einstellungen, Lebenschancen und Verhaltensmuster korrelierten mit der Schichtzugehörigkeit, welche von irgendeinem der einschlägigen Schichtmodelle repräsentiert werden soll. Insofern *gibt* es Schichten noch als Erscheinungsformen sozialer Diskrepanzen. Nicht nur, dass Indikatoren für die Schichtzugehörigkeit in der empirischen Sozial- und Marktforschung weiterhin gebräuchlich sind, z.B. R. Geißler, der mit einem spezifischen Schichtmodell gearbeitet hat, teilt den kritischen Eindruck: „Die Tendenzen zur Entstrukturierung der sozialen Ungleichheit werden *erheblich überzeichnet.*"[10] Doch die *Entstrukturierungsthese* führt in einer Reihe von Fälle tatsächlich zu einer so weitgehenden Überspitzung der gleichlaufenden *Pluralisierungsannahme*, dass die soziale Welt als Ganze so erscheint, als sei sie in eine heterogene Vielfalt einzelner Milieus mit ihren je *spezifischen* Lebenschancen, Lebensstilen, Mentalitäten und Verhaltensmustern zersprengt. Ein kleines logisches Problem entsteht allerdings dadurch, dass dies immer noch eine Aussage über den Zustand „der" Gesellschaft insgesamt darstellen soll. Mit anderen Worten: Die Feststellung, dass es ganz verschiedene Subkulturen in einer Gesellschaft gibt, stellt eine Aussage über die Gesamtverfassung dieser Gesellschaft dar. Die Frage drängt sich auf, was dann noch unter „Gesellschaft" verstanden wird? Im Extremfall erscheinen die alltagsweltlichen Sinnprovinzen als ein Ensemble gegeneinander abgedichteter, „inkommensurabler" Lebenswelten. Man muss gleichsam umsozialisiert werden oder umlernen, um

9 Fischer-Lexikon „Soziologie", hrsg. v. R. König, Frankfurt a.M. 1958, S. 246.

10 R. Geißler: Die Sozialstruktur Deutschlands. Ein Studienbuch zur Entwicklung im geteilten und vereinten Deutschland Opladen 1992, S. 69 (Herv. i. Org.). Zu Geißlers Modell, seinem „Haus", vgl. a.a.O., S. 76.

erfolgreich in eine andere Lebenswelt eintauchen zu können. Sozial relevante Unterschiede werden dadurch eher auf einer Horizontalen als auf einer Vertikalen abgetragen, wie sie für das Gefälle auf den Achsen Reichtum, Macht und Ehre als soziale Erscheinungsformen sozialer Ungleichheit charakteristisch ist. Es erscheint mir nicht ganz abwegig, anzunehmen, dass die Pluralisierungsthese explizit oder implizit von der Paradigmenlehre Th. S. Kuhns einerseits, von der Wittgenstein'schen Sprachspieltheorie andererseits beeindruckt ist. Kuhn hat u.a. den Eindruck erweckt, die verschiedenen „Paradigmen", die Kernvorstellungen der unterschiedlichen Theorien, die einander ablösen oder befehden, seien „inkommensurabel", nicht vergleichbar. Bei Wittgenstein gibt es den Aphorismus, dass das Lernen eines Sprachspiels gleich der Einübung in eine gesellschaftliche Lebensform sei.[11] Da es eine heterogene Mannigfaltigkeit von Sprachspielen gibt, so wird geschlossen, gibt es auch eine heterogene Mannigfaltigkeit verschiedener Lebensformen. Aus diesem an sich triftigen Befund folgt logisch überhaupt nicht, deswegen seien Lebensformen und Lebensstile „inkommensurabel" und man könne die Sprechakte und Verhaltensregeln einer anderen Lebensform nur durch einen „Paradigmawandel" des eigenen Lebensstils lernen, wenn es nicht gar als unmöglich gilt, Regeln anderer Lebensformen in das eigene Sprachspiel übersetzen. *Non sequitur!*

Über einen Zeitraum hinweg war es in Projekten zur Ungleichheitstheorie und Ungleichheitsforschung geradezu eine Mode, sich mit „neuen sozialen Ungleichheiten" zu befassen. „Ungleichheiten" im Plural. Es empfiehlt sich nach meiner Auffassung grundsätzlich beim soziologischen Innovationspathos („neu"), das auch in der periodischen Verkündigung griffiger Typenbegriffe für eine „ganz neu" entstehende Gesellschaftsformation wie die „Risikogesellschaft" zu vernehmen ist, sich einiger Gewissheiten der Erkenntnislogik zu erinnern. (a) Sozial relevante Unterschiede sind nicht gleich sozialen Ungleichheiten. Gibt es irgendwo eine Vorstellung sozialer *Ungleichheit*, die nicht mit der Vorstellung eines *Gefälles* (Hierarchisierung) arbeitet? Mehr oder weniger Macht? Mehr oder weniger Einfluss? Mehr oder weniger Einkommen, um seinen Lebensstil im Milieu aufrechterhalten zu können? Mehr oder weniger Privilegien? Gesteigertes oder gemindertes Ansehen? Völlig „horizontale" Gleichheit

11 L. Wittgenstein: Philosophische Untersuchungen, Frankfurt a.M. 1967, Aph. 23.

entspräche z.B. absoluter (arithmetischer) Gleichheit irgendeiner Lebenschance. Wo gibt's denn so was? Bei der Aufteilung eines Kuchens vielleicht. (b) Die meisten Merkmalsdimensionen, welche „neue" soziale Ungleichheiten bezeichnen sollen, sind teilweise uralt: Geschlecht, Alter, Stadt-Land, Herkunft, Familienstruktur u.a. m. In der Tat:

> „Die meisten der 'neuen' sozialen Ungleichheiten sind jedoch keine neuen Erscheinungen in der Sozialstruktur, sie sind keine Produkte des sozialen Wandels. Das Prädikat 'neu' verdienen sie lediglich deshalb, weil sie bislang von der Schichtungs- bzw. Klassenanalyse kaum oder gar nicht beachtet wurden. Neu ist nicht ihr Vorkommen, neu ist lediglich die Aufmerksamkeit, die ihnen zuteil wird."[12]

(c) Hinzu kommen einige unvermeidliche erkenntnistheoretische Probleme statistischer Forschungsmethoden. Ein Individuum kann, wie gesagt, auf den verschiedenen Achsen je verschiedene Positionen einnahmen. Arm, aber gesund und mobil und .... Statistisch lassen sich durchweg „Clusters" herausrechnen. Das sind Merkmale mehrerer Individuen, die sich auf mehreren Achsen ballen. Aber wie immer ist es die Frage: Stellen solche Klumpen nichts als ein statistisches Artefakt dar oder handelt es sich tatsächlich um verhaltensrelevante Eigenschaftskomplexe?

Im Kontext zahlreicher Überlegungen dieser Art spielt der Begriff des *Milieus* eine besondere Rolle. Um es zurückhaltend ausdrücken: Diese Kategorie ist äußerst vielschichtig:

(1) Er kann ganz allgemein die Umgebung bezeichnen, worin ein Individuum lebt. Dazu gehören die natürlichen Gegebenheiten seiner physischen Umwelt. Es kann alles gemeint sein, was von außen auf den Einzelnen einwirkt und/oder zum Gegenstand seiner Aufmerksamkeit, seiner kontinuierlichen Erfahrungen, seines Wissens, Bearbeitens, Bedenkens und Bewertens wird. Es handelt sich um die gesamte „Lebenswelt" (Husserl, Habermas) bestimmter Akteure.

(2) Unter dem Milieu kann auch eine *Problemsituation* zu verstehen sein, worin sich ein Individuum auf der Grundlage seiner mehr oder minder geübten Urteilskraft durchwurschteln muss. Problemsituationen können sich bis zur Lebenskrise zuspitzen.

(3) Der Milieubegriff kann sich auch auf einen bestimmten Zeitabschnitt beziehen. Gemeint sind historische Situationen, wo-

12 R. Geißler: Die Sozialstruktur Deutschlands, a.a.O., S. 67.

rin sich Akteure befinden oder wiederfinden. „Nach dem zweiten Weltkrieg ..."

(4) Das Milieu kann die aktuelle materielle, soziale und politische Lage bezeichnen, worin Individuen – samt ihrer Befindlichkeit – sich geschichtlich sehen oder befinden.

(5) Oftmals wird der Begriff des „Milieus" deckungsgleich mit dem der „Subkultur" verwendet. In diesem Begriff werden dann die gesamten sozial- und ungleichheitsrelevanten Merkmale zusammengezogen, die im Hinblick auf eine bestimmte Gruppierung interessieren. Es geht um typische Verhaltensmuster, Mentalitäten und spezifische Stile der Lebensführung einer Gemeinschaft. Es gibt die Gewaltkultur bestimmter Hooligans im Fußballstadion. Der Begriff des „Lebensstiles" bezeichnet in diesem Falle gleichsam die Richtung, in die das konkrete Handeln der Einzelnen aufgrund ihrer Einstellungen, Meinungen, Situationsdeutungen, Wissensbestände, Werthaltungen und Maximen gewendet wird. Ein überpersönlicher Stil der Lebensführung im Alltag liegt vor, wenn die wissens- und normbedingten Entscheidungen von Handelnden, die Maßnahmen, die sie ergreifen, mithin der Kurs ihres Handelns dem einer Menge anderer Personen (mit denen der Einzelne keinen direkten Umgang haben muss) familienähnlich ist. Das kann aufgrund in der jeweiligen Kultur geltender Normen, Regeln und Kriterien und ihrer Akzeptanz der Fall sein.

(6) Einen nicht unerheblichen Grund für die Verbreitung des Milieubegriffs liefert seine enge Verbindung mit der Markt- und Meinungsforschung. Dabei werden Stile der Lebensführung in erster Linie in ihrer Ausprägung als Konsumverhalten relevant. Auch das Freizeitverhalten, Entscheidungen hinsichtlich Bildung und Ausbildung, Erziehungsstrategien, Sparverhalten, das Zeitmanagement, Beteiligung an Vereinen und Veranstaltungen u.a.m. finden besondere Beachtung, weil sie was über ökonomische Muskeln, also die Kaufkraft aussagen.

All diese Merkmale und Untersuchungsdimensionen sind für eine Soziologie des Alltagslebens zweifellos äußerst relevant. Auch diese spielt sich natürlich im Rahmen oder auf dem Boden bestimmter Theorien und Thesen ab, die ihr die jeweilige Richtung vorzeichnen. Die Milieuforschung hat als Untersuchung angeblich neuer sozialer Ungleichheiten viel mit der Pluralisierungsthese und anderen Theoremen der genannten Art zu tun. Doch es gibt keine theorie-

oder hypothesenfreien Daten und Detailforschungen *tabula rasa*. Diese Einsicht gehört inzwischen zum Gemeinbestand der Wissenschaftslogik. Die theoriebezogene Erforschung des menschlichen oder unmenschlichen Alltagslebens ist kein Privileg der Entdecker neuer Kontinente in der Ungleichheitsforschung. Das gilt sogar für die marxistische Tradition, in der auf die eine oder andere Weise dem Alltagsleben ebenfalls besondere Aufmerksamkeit geschenkt wurde. Das Problem ist ohnehin nicht, ob man soziale Diskrepanzen im akademischen Milieu verschwinden und periodisch wieder auftauchen lässt, sondern wie die konkreten Einzelheiten von Milieus mit den Annahmen über die abstrakten Allgemeinheiten „der" Gesellschaft zusammenhängen oder auch nicht. Und damit bekommt man es wieder einmal mit einer Variante des Basis-Überbau-Problems auch im Milieu der erneuerten sozialen Ungleichheiten älterer Abstammung zu tun. Es ist erfreulich, feststellen zu können, dass Beschreibungen der Sozialstruktur mit ihren mannigfaltigen „neuen Ungleichheiten", die oftmals nichts anderes als sozial relevante Unterschiede darstellen, bei Fragen sozialer Ungleichheit am Ende offensichtlich doch auf das Achsenkreuz der „alten" Art und Weise, soziale Diskrepanzen zu studieren, zurückgreifen müssen:

> „Die bessere oder schlechtere Stellung eines Menschen im Oben und Unten einer Dimension sozialer Ungleichheit wird üblicherweise als '*Status*' bezeichnet. In der neueren Literatur zur Ungleichheitssoziologie wird dieser Begriff auf die Dimensionen sozialer Ungleichheit angewendet. Hiernach lässt sich u.a. ein Wohlstandsstatus (Reichtum – J.R.), ein Machtstatus (Macht und Herrschaft – J.R.) und ein Prestigestatus (Ehre – J.R.) erkennen. Im älteren schichtungssoziologischen Schrifttum bezieht sich der Begriff 'Status' dagegen allein auf die Stellung im Prestigegefüge."[13]

Die Mannigfaltigkeit der alten oder neuen Ungleichheitsdimensionen wird offensichtlich auch hier durch das Achsenkreuz von Reichtum, Macht und Ehre zusammengehalten, das die „neuere Ungleichheitsforschung" bis in die älteren Schriften z.B. von Marcus Tullius Cicero zurückverfolgen oder in der Neuzeit bei Kant in seiner »Grundlegung zur Metaphysik der Sitten« wiederfinden könnte.[14] Die ungleichheitstheoretische Trias stellt ein Motiv dar,

---

13 St. Hradil: Soziale Ungleichheit in Deutschland, 8. Auflage, Wiesbaden 2001 ff.

14 Vgl. I. Kant: Werke Bd. 4 (Ed. Weischedel), Darmstadt 1963, S. 18.

das ansonsten heterogene Ansätze zur Analyse sozialer Ungleichheit durchzieht.

Wenn es um die Elimination von Klassen durch Soziologie geht, bilden einige charakteristische Thesen ein Bindeglied. Sie lassen sich so zusammenstellen:

1. *Die Strukturbruchthese:* Auf die Frage ob in den fortgeschrittenen Gesellschaften tatsächlich ein Prozess zu beobachten ist, der in Bereiche „jenseits von Stand und Klasse" und damit gesellschaftstheoretische zu einer Ungleichheitstheorie „jenseits von Marx und Weber" führt, wird wohl kaum mit einer einhelligen Antwort zu rechnen sein. Die entschlossenste These findet sich mit all jenen Aussagen vor, welche nicht nur den „Tod der Klassen" propagieren, sondern auch die Entstehung eines ganz neuen Vergesellschaftungstypus vor Augen haben. Sogar einen Vergesellschaftungstypus jenseits des Kapitalismus wird angenommen, ohne dass damit eine Utopie wie die der klassenlosen Gesellschaft einhergeht.

2. *Die Klassenerosionsthese:* Sie stellt im Grunde ein Implikat der Strukturbruchthese dar. Die Klassen – jedoch auch die Schichten – verschwinden als Erscheinungsformen sozialer Diskrepanzen im Zug der Modernisierung der Moderne. Jedenfalls in der Theorie. Am Ende macht es überhaupt keinen Sinn mehr, nach sozialen Diskrepanzen und den sie tragenden Großgruppen zu suchen.

3. *Die Pluralisierungsthese:* Einen zentralen Punkt in all diesen Debatten stellt der Verweis auf die fortschreitende innere Differenzierung hoch entwickelter Gesellschaften dar. Die zunehmende Ausdifferenzierung von gesellschaftlichen Subsystemen und die damit einhergehende wachsende Binnenkomplexität des sozialen Systems offenbart sich beim Blick auf das Problem sozialer Ungleichheit in Form einer heterogenen Mannigfaltigkeit voneinander unterschiedener Lebenslagen, Lebensstile, Milieus, worin sich die Individuen befinden und bewegen. Insoweit solche Differenzen sich mit differentiellen Vor- und Nachteilen, Chancen und Risiken, Diskriminierungen und Privilegien, Gratifikationen und Deprivationen verbunden sind, zeigt sich eine Pluralität von ungleichheitsrelevanten Merkmalsdimensionen, worauf ein Individuum jetzt oder im Verlauf seines Lebens ganz verschiedene Positionen einnehmen kann. Älter wird man von selbst. Doch auf der einen Achse steht das Individuum hier oder dort, oben oder unten, in der Mitte oder irgendwo anders im mehrdimensionalen sozialen Raum (Statusinkonsistenz). Die Pluralisierungsthese müsste im

Extremfall eigentlich behaupten, der Punktschwarm der Positionen eines Individuums im Achsenkreuz der multiplen Ungleichheitsachsen lasse keine kontinuierliche Zugehörigkeit zu einer homogenen Gruppe mehr erkennen. Aber statistisch gibt es natürlich „clusters", Merkmalsüberschneidungen verschiedener Personen auf der (den) gleichen Achse(n). Ist das bloß ein Konstrukt?

4. *Die Dezentrierungsthese:* Viele Theorien, nicht nur die Kritik der politischen Ökonomie, gehen bei ihrer Theoriebildung und Forschung von irgendwelchen Faktoren oder gesellschaftlichen Bereichen und/oder Prozessen aus, die als „grundlegend", „basal", „konstitutiv" etc. ausgezeichnet werden. Bei Weber sind es vor allem Märkte, bei Marx ist es der ökonomische Reproduktionsprozess. Bell spricht von „axialen Prinzipien" der Gesellschaft. Die konkreteren Aussagen über einen bestimmten historischen Gesellschaftstypus stehen allemal im Zusammenhang mit den Annahmen über die *Kernstruktur* historischer Gesellschaftsformationen. All dem gegenüber lautet die Dezentrierungsthese:

> „Im Hinblick auf das Wirken der vielfältigen Mechanismen, die Ungleichheit hervorbringen, gilt daher festzustellen, dass es in unserer Gesellschaft keinen eindeutig dominanten Bestimmungsgrund für Ungleichheit gibt."[15]

Aber wie sind die Reichen reicher geworden als die Armen, wie kommen Machthaber dazu, Macht zu haben und die von ihnen erwartete Ehrerbietung zu genießen?

5. *Die Individualisierungsthese:* Man kann sie als eine in einem bestimmten Zeitabschnitt der soziologischen Theoriebildung in der Bundesrepublik geradezu modische These ansehen. Ulrich Beck legt Wert auf den Hinweis, dass die Individualisierungsthese nichts mit „Atomisierung", „Vereinzelung", „Vereinsamung" oder „Beziehungslosigkeit" zu tun habe.[16] Es handele sich vielmehr um eine ganz neue Konstellation des Verhältnisses von Individuum und Gesellschaft. Diese zeichne sich durch „Individualisierungsschübe" aus, die darin bestehen, dass die Lebensläufe der Einzelnen nicht nur aus den überlieferten Familien-, Berufs- und Betriebsbindungen, sondern auch aus den Bindungen an eine regionale Kultur, Tradition und Nachbarschaft herausgelöst werden. Damit geht – im Einklang

---

15 K. M. Bolte/ St. Hradil: Soziale Ungleichheit in der Bundesrepublik, 4. Auflage, Opladen 1984, S. 350 f.

16 Vgl. U. Beck: Die Erfindung des Politischen, Frankfurt a.M. 1993, S. 149 f.

mit der Klassenerosionsthese – die Auflösung der „ständisch geprägten Klassen“ (Beck) einher. Die Einbettung des Individuums in Traditionsbestände nimmt insgesamt ab, so dass der Einzelne sich zunehmend auf sich selbst gestellt sieht, aber zugleich wachsenden Kontroll- und Regulierungsprozessen unterworfen wird. Zu den Paradoxien der Individualisierung gehört, dass sie mit einer bis in das Unbewusste hineinreichenden Vergesellschaftung der Menschen einhergeht. Individualisierung bedeutet also keineswegs wachsende Chancen zur Selbständigkeit der Einzelnen. Im Gegenteil. Darin in Überstimmung mit der Kritischen Theorie von Horkheimer und Adorno spielen sich für Beck die Individualisierungsschübe in einer Gesellschaft ab, welche die Chancen der Individuen zur Ausbildung und Ausübung ihrer Autonomie immer weiter heruntersetzt.[17]

Derartige und weitere Thesen helfen in einer Reihe von Fällen maßgeblich dabei, die sozialen Diskrepanzen vollends aus der Theorie verschwinden zu lassen, wenn sie damit auch nicht unbedingt in der Realität weg sind.

17 Vgl. a.a.O., S. 152.

Kapitel 9
Gibt es noch Klassen? Sic et Non auf Deutsch

Ja – „Alle Gesellschaft ist noch Klassengesellschaft."[1]

Adorno vertritt die strikte Gegenposition zur Lehre vom Tod der Klassen. Er hält nichts von Ansichten wie der: „Na ja, Klassen, das gibt's überhaupt nicht mehr; das ist eine Metaphysik, in Wirklichkeit gibt's nur soziale Schichtung, die am subjektiven Lebensstandard gemessen werden muss."[2] Mit gleicher Entschiedenheit hält er an der metaphysisch-erkenntnistheoretischen Unterscheidung zwischen Wesen und Erscheinung fest.

> „Das metaphysische, vorkritische[3] Denken hat mit dem Begriff des Wesens zentral operiert, hat mit einem Gegensatz von Wesen und Erscheinung operiert, das ist mit der Aufklärung weggeräumt worden; die kritische Theorie operiert demgegenüber gleichwohl mit dem Begriff des Wesens – Marx hat ihn ausdrücklich von Hegel übernommen –, infolgedessen ist das kritische Denken hinter der Aufklärung zurück."[4]

Für ihn gehört es daher zu den Aufgaben der Soziologie, „an gewissen Wesensbestimmungen, wie der der Klassen festzuhalten".[5] Er denkt daher, dass er mit den Hörerinnen und Hörern seiner Vorlesung darin einig ist, „dass die Frage ›Klasse oder nicht‹? eine entscheidende Frage überhaupt für die Beurteilung der gegenwärtigen Gesellschaft ist".[6] Was unter „Klasse" zu verstehen sei, dazu gibt er allerdings nur einen sehr allgemeinen Hinweis: Klassen stellen für ihn *wesentliche* Strukturbestimmungen dar, die „in einem

---

1 Th. W. Adorno: Soziologische Schriften I, Frankfurt a.M. 1979, S. 15.

2 Th. W. Adorno: Einleitung in die Soziologie, Frankfurt a.M. 1993, S. 44. (Vorlesung im Sommersemester 1968).

3 „Vorkritische" meint „vor den drei Kritiken Kants."

4 Th. W. Adorno: Einleitung in die Soziologie, a.a.O., S. 81 f.

5 A.a.O., S, 45 f.

6 A.a.O., S. 42.

entscheidenden Sinn, nämlich dem der Abhängigkeit der meisten Menschen von anonymen und undurchsichtigen wirtschaftlichen Vorgängen, fortbestehen".[7] Dirk Braunstein hat die Art und die Reichweite von Adornos Rezeption der wirtschaftstheoretischen Auffassungen der Marx'schen Kritik der politischen Ökonomie analysiert und kommentiert.[8] Er zitiert eine Aussage Adornos aus einem Seminar im Sommersemester 1958, die in die gleiche Richtung zielt wie sein Hinweis in der Einleitungsvorlesung (s.o.). Er sieht sich in Übereinstimmung mit der Lehre vom *Primat der Ökonomie*, deren Substanz darin bestehe, „dass die Wirtschaft nicht nur heute den Vorrang über die Gesellschaft habe, sondern schon zu allen Zeiten – wenn auch in verschiedenem Maß – vorhanden gewesen sei".[9] Dabei ist jedoch zu bedenken, dass das eigentliche Schlüsseltheorem der Adorno'schen Gesellschaftstheorie in dem besteht, was er als das *Tauschprinzip* oder das *Tauschgesetz* bezeichnet.

> „Der totale Zusammenhang hat die Gestalt, dass alle sich dem Tauschgesetz sich unterwerfen müssen, wenn sie nicht zugrunde gehen wollen, (ganz) gleichgültig, ob sie subjektiv von einem (sogenannten) »Profitmotiv« (beherrscht) werden oder (ob das nicht der Fall ist)."[10]

Für Adorno bedeutet „der Tausch" in letzter Instanz das Konstitutionsprinzip der (aller) Gesellschaft(en).

> „Das, was Gesellschaft eigentlich zu einem Gesellschaftlichen macht, wodurch sie in einem spezifischen Sinn sowohl begrifflich konstituiert wird, wie auch real konstituiert wird, das ist das Tauschverhältnis, das virtuell alle Menschen, die an diesem Begriff von Gesellschaft teilhaben, zusammenschließt."[11]

Das Tauschverhältnis bedeutet des *principium synthesis* der Gesellschaft, ihr „inneres Band" (Marx) oder „axiales Prinzip" (Bell). Nun ist Adorno wahrlich alles andere als ein Anhänger des ökonomistischen Determinismus. Wenn jedoch den kulturellen „Wertideen" eine eigenständige, nicht auf „die" Ökonomie oder ökonomische Interessen kausalanalytisch reduzierbare Struktur und Entwicklung zugetraut und dennoch vom „Primat der Ökonomie" ausgegangen wird, tauchen sämtliche normalwissenschaftlichen Rätsel des

---

7 A.a.O., S. 46

8 D. Braunstein: Adornos Kritik der politischen Ökonomie, Bielefeld 2011.

9 A.a.O., S. 285.

10 Th. W. Adorno: Einleitung in die Soziologie, a.a.O., S. 61.

11 A.a.O., S. 57.

alten Basis-Überbau-Problems wieder auf. Deren Bearbeitung ist natürlich auch für eine nichtökonomistische Klassentheorie von entscheidender Bedeutung. Logisch stellt sich damit das Problem einer „dialektischen Vermittlung“ von Basis und Überbau. Dieses Problem stellt sich auch dann, wenn statt von Basis und Überbau von Struktur und Kultur, Sozialstruktur und Semantik, Sprachspiel und Lebensform etc. die Rede ist. Damit geht es in der Tat darum, dass man „beide Pole als durcheinander vermittelte betrachtet“.[12] Nur, was heißt das?

Der Primat der Ökonomie und die Hegel'sche Wesenslogik

Ich gehe weiterhin davon aus, dass die Frage, wie etwas den Primat haben kann, andere Momente konstitutiv davon abhängig sind und diese dennoch eine eigenständige oder eigensinnige Rolle spielen können, am aussichtsreichsten im Anschluss an eine Passage der Hegel'schen Wesenslogik bearbeitet werden kann.[13] Den Ausgangspunkt bildet ein Zitat, das auf Anhieb kaum verständlich, wohl aber einer hypothetischen Deutung zugängig ist:

> „Das Wesen als unendliche Rückkehr in sich ist nicht unmittelbar, sondern negative Einfachheit; es ist eine Bewegung durch unterschiedene Momente, absolute Vermittlung mit sich. Aber es scheint in seine Momente; sie sind damit in sich reflektierte Bestimmungen.“[14]

Den folgenden Deutungsvorschlag halte ich für geeignet, um mit einem wesentlichen Schritt bei der Bearbeitung von Adornos Vermittlungsproblem weiter zu kommen.

1. „Bewegung“ ist Hegels Begriff für Prozess. Der materielle Reproduktionsprozess des Lebens, „die Ökonomie“ (Adorno) bedeutet Bewegung. Der zweite Band des »Kapital« beschreibt die Bewegung „des Kapitals“ durch verschiedene Stadien und Phasen hindurch.

---

12 A.a.O., S. 70.

13 Ich übernehme hier meine Ausführungen aus J. Ritsert: Ideologie. Theoreme und Probleme der Wissenssoziologie, Reihe „Einstiege Nr. 11/12, 2. Auflage, Münster 2015, S. 79 ff.

14 G. W, F. Hegel: Werke in zwanzig Bänden, WW 6, Frankfurt a.M. 1970, S. 35 f.

2. „Rückkehr in sich" verweist auf den spezifischen Charakter des Wesensprozesses. Er ist selbstbezüglich, reflexiv. Die darauf passende Metapher ist die Kreislauffigur. Marx erwähnt im zweiten Band verschiedene Teilkreisläufe, woraus sich der Gesamtkreislauf des Kapitals zusammensetzt. Ein Beispiel dafür liefert das Finanzkapital.

3. Der Wesensprozess geht als reflexiver Ablauf in seinen Grund zurück. D.h.: Es gibt einen Ausgangspunkt und Rückkehrpunkt der Kreisbewegung. Der Gesamtprozess des Kapitals geht von der Produktionssphäre von Gütern und Diensten in Betrieben als der kapitalistischen Produktionszelle aus und führt über die Phasen der Zirkulationssphäre I und II zur Produktion zurück. Der Ablauf kann dann wieder in erweiterter (Wachstum; Akkumulation), stagnierender oder schrumpfender Form von Neuem beginnen.

4. Der Wesensprozess geht nicht nur in seinen Grund zurück, sondern ist seinerseits von grundlegender, „basaler" Bedeutung. Ohne ihn könnte alles das, was ist, nicht sein. Ohne einen gewissen Grad der Sicherstellung der materiellen Existenzbedingungen durch individuelle Arbeit und kollektive Produktion würde „jede Nation verrecken" (Marx). Das macht den Kern der Lehre vom Primat der Ökonomie aus.

5. An dieser Stelle setzt ein entscheidendes Argument Hegels an, das in seiner bekannten Aussage: „Die Erscheinung ist dem Wesen wesentlich" zusammengezogen wird. Im Unterschied zur „unmittelbaren Einfachheit" – wie sie mit dem Satz der Identität A = A zum Ausdruck kommt – ist der Wesensprozess nicht unabhängig von der Welt der Erscheinungen zu betrachten. Die Bewegung des Wesens als unendliche Rückkehr in sich setzt eine von der Wesensbestimmung unterschiedene, wenn nicht dieser entgegeneine Vielfalt einzelner Momente (Phänomene) voraus. Nur durch die Bewegung durch diese Momente hindurch ergib sich eine „absolute Vermittlung".

6. Wie immer sich die einzelnen Momente zum Wesensprozess verhalten mögen, das Wesen „scheint in seine Momente." Ich lese das so: Wesensbestimmungen sind ein grundsätzliches *Implikat* der einzelnen Momente, obwohl diese gleichzeitig bis zum Gegensatz von Wesensbestimmungen unterschieden sein können. Es besteht also eine logisch widerspruchsfrei darstellbare Gleichzeitigkeit von Einschluss (Implikation) und Ausschluss (Gegensatz), die für das elementare Prinzip der Dialektik charakteristisch ist. An dieser

Stelle lässt sich immer wieder an ein prägnantes Zitat von Max Weber erinnern:

> „Der indirekte Einfluss der unter dem Drucke »materieller« Interessen stehenden sozialen Beziehungen erstreckt sich (oft unbewusst) auf alle Kulturgebiete ohne Ausnahme, bis in die feinsten Nuancierungen des ästhetischen und religiösen Empfindens hinein."[15]

Bestimmungen der materiellen Basis sind bis in die feinsten Nuancierungen des kulturellen Überbaus hinein vermittelt, obwohl die materiellen Interessen die Inhalte des Überbaus nicht unilinear kausal determinieren, also ihren Eigensinn und ihre Möglichkeit der eigensinnigen Entwicklung bewahren.

7. Die eigenständigen Merkmale der Erscheinungen erfasst Hegel dadurch, dass er sie als selbst „in sich reflektierte Bestimmungen" bestimmt. Das lässt sich so lesen, dass auch sie der selbständigen Reproduktion, der Autopoiesis fähig sind.

8. Die Rolle des Wesensprozesses als Zugrundeliegendes, als Bedingung der Möglichkeit der Existenz der vielfältigen (gesellschaftlichen) Momente, entspricht vielleicht dem, was Marx – mit Blick auf den materiellen Reproduktionsprozess der Gesellschaft (Arbeitsprozess) – als „äußeres Band" bezeichnet. Das Implikationsverhältnis von Wesensbestimmungen in den Einzelnen Erscheinungen entspricht dann seinem Begriff des „inneren Bandes".

Diese Grundstruktur eines dialektischen Vermittlungsverhältnisse ist auch für den Klassenbegriff maßgebend. „Vermittlung" kann dann als logische Grundlage für die schwierige Verhältnisbestimmung von objektiver Klassenlage, subjektivem Klassenbewusstsein und kollektivem Klassenbewusstsein angesehen werden. Erst dann kann eine Darstellung des Beziehungsgefüges jenseits von Determinismus und Ökonomismus, auch jenseits der salvatorischen Wechselwirkungsklausel gegeben werden.

---

15 M. Weber: Die »Objektivität« sozialwissenschaftlicher und sozialpolitischer Erkenntnis, in ders.: Gesammelte Aufsätze zur Wissenschaftslehre, Tübingen 1922 ff., S. 163,

Aktuelle Verweise auf Klassen

Die verschiedenen Tonfolgen, wodurch in den Sozialwissenschaften in regelmäßigen Abständen das Lied vom Tod der Klassen gesungen wurde, wurden von einem Generalbass, durch das Kontra eines Basses begleitet, der auf je verschiedene Weisen das wie auch immer veränderte, aber fortdauernde Dasein der Klassen betonte.[16] J. Jessen, der Feuilletonchef der Wochenzeitschrift »Die Zeit«, trifft schon 2006 die erstaunliche Feststellung:

> „Es herrscht Unruhe im Land. Deutsche Politiker üben wieder Kapitalismuskritik, Soziologen sprechen von der Wiederkehr der Klassengesellschaft. Andere fürchten eine schleichende Krise von Demokratie und Kultur."[17]

Es ist wahr, die jüngeren wirtschaftlichen Erlebnisse in der „Erlebnisgesellschaft" waren so unangenehm, dass sogar einige Soziologen, die vormals das Ende der Klassengesellschaft imaginierten, erstaunt feststellen mussten, dass die Klassengesellschaft, die immer schon da war, sogar nach ihrem Eindruck wiederkehrt. Die Klassen stellen natürlich keine auf die Ewigkeit hin angelegte Erscheinungsform sozialer Diskrepanzen dar. Man kann sich ihr Zum-Verschwinden-Bringen gut denken. Das sieht bei der hegemonialen Nationalökonomie anders aus:

> „Die Regeln des freien Marktes sind ihnen (den neo-liberalen Ökonomen – J.R.) keine Regeln, die sich die Gesellschaft gegeben hat (und also auch wieder nehmen könnte), sondern ewige Kräfte, vergleichbar der Schwerkraft gegen die aufzubegehren sinnlos ist."[18]

Das rechne ich zu dem, was Marx den „Fetischcharakter der Ware" nennt und gehe davon aus, dass Kapitalismuskritik auch dann noch Kritik einer Klassengesellschaft darstellt, wenn eine nicht klassentheoretisch fundierte Kritik am Marktradikalismus etc. geübt wird. Solange die Klassen noch da sind, bedeutet ihre Ausblendung jedenfalls Ideologie.

Allerdings gab (gibt?) es in der Tradition des ökonomistischen Marxismus nahezu die gleiche Tendenz wie in der Volkswirt-

---

16 Vgl.: H. G. Thien: Klassentheorien – Die letzten 50 Jahre, in: Prokla – Zeitschrift für kritische Sozialwissenschaft, 44. Jg., Heft 175, S. 163 ff.

17 J. Jessen (Hg.): Fegefeuer des Marktes. Die Zukunft des Kapitalismus, München 2006.

18 A.a.O., S. 112.

schaftslehre, die Gesetze der ökonomischen Basis, letztlich die Gesetzmäßigkeiten der gesamten Geschichte als Ausdruck „ewiger Kräfte" zu deuten, die mit der Schwerkraft vergleichbar sind. Das Paradebeispiel für diese Denkweise lieferten immer schon die deterministischen und ökonomistischen Deutungen des Verhältnisses von Basis und Überbau. Das dynamische Sein der Produktivkräfte und Produktionsverhältnisse bestimmt, determiniert das Bewusstsein – so heißt es. Eines der klarsten Beispiele für die szientistische Denkweise in der Tradition der Kritik der politischen Ökonomie ist und bleibt für mich die Kritik des ungarischen Kominternmitgliedes László Rudas (1885–1936) an Georg Lukàcs. Gegen dessen Thesen in »Geschichte und Klassenbewusstsein«, denen er z.B. eine viel zu große Nähe zur neu-kantianischen Schule von Heinrich Rickert (1863–1936) sowie zu Max Weber und dessen Sinnbegriff nachsagt, erhebt Rudas den folgenden Einspruch: „Und nichts hat einen Sinn, das Fallen des Steines ebenso wenig wie der Klassenkampf des Proletariats, außer dem 'Sinn', dass beide nach den Natur- und Gesellschaftsgesetzen verlaufen müssen."[19] Für andere Sowjetmarxisten klingen derartige Aussagen doch als ein wenig *zu* deterministisch. Man behilft sich dann mit recht widersprüchlichen salvatorischen Klauseln:

> „Marxistischer Determinismus und marxistische Auffassung von den Gesetzen negieren keineswegs die Rolle des menschlichen Willens und Verstandes und ihren Einfluss auf den Verlauf der historischen Ereignisse sowie auf die Entwicklung der Natur."

Aber dennoch ließe

> „ein Studium des Marxschen Werkes ... erkennen, dass der dialektische Materialismus lange vor der modernen Naturwissenschaft den Determinismus und den Begriff des Gesetzes ganz anders auffasst als zum Beispiel Laplace. Marx betrachtet die Gesetze der kapitalistischen Produktion vor allem als *tendenzielle,* das heißt als Gesetze, die sich durch eine Menge Hindernisse und Abweichungen durchsetzen."[20]

---

19 L. Rudas: Die Klassenbewusstseinstheorie von Lukacs, Teil I, in: Arbeiterliteratur, Wien 1924, Heft 10, S. 678.

20 M. M. Rosental: Die dialektische Methode der politischen Ökonomie von Karl Marx, Berlin 1973, S. 93. (Herv. i. Org.). Laplace' Dämon kennt sämtliche Gesetze der Natur zusammen mit ihrer an sich unendlichen Mange an Randbedingungen, unter denen die Gesetze gelten. Ihm ist zudem ist die Lage, die Stellung sowie die Geschwindigkeit sämtlicher im Kosmos

Diese Denkweise war zu ihren Zeiten politisch bekanntlich nicht nur wegen des Einflusses der Sowjetunion äußerst wirksam. Heute wird sie – soweit ich weiß – nur noch in kleineren Zirkeln von Rechtgläubigen gehegt und gepflegt. Gleichwohl erlauben es diese alten Diskussionen, an Probleme zu erinnern, die in der Geschichte der Kritik der politischen Ökonomie immer wieder zu einem Verhandlungsgegenstand wurden. Sie zeigen theoretische und forschungspraktische Probleme an, von denen nur das glückliche Bewusstsein behaupten kann, sie seien endgültig *gelöst* worden. Das Vermittlungsproblem von Basis und Überbau stellt eines davon dar, das Verhältnis von Wert und Preis ein anderes. Die Umgangsformen mit diesen Schwierigkeiten können sich – wie weiland bei M.M. Rosental – zu handfesten Widersprüchen zuspitzen, die nichts mit „Dialektik" zu tun haben. So wird auf der einen Seite behauptet, das menschliche Wollen und Denken sei durchaus des Einflusses auf geschichtliches Geschehen mächtig. Auf der Gegenseite heißt es jedoch, die Menschen seien den Gesetzen der Gesellschaft unterworfen, da diese sich „in letzter Instanz" durch alle Abweichungen hinweg und Hindernisse hindurch durchsetzten. Aber wie hängen diese beiden Seiten, Willensfreiheit und Determinismus, empirischer und intelligibler Charakter des Menschen zusammen? Ich bleibe dabei, dass die Wesenslogik Hegels bei diesen Fragen, die im Augenblick nicht mehr so umfänglich behandelt werden wie früher einmal, weiterhilft.

NON – Die Klassen sind erodiert.

Als Gegenbehauptung gegen Adornos Diktum ließe sich die zentrale These von Kingsley Davis und Wilbur Moore in ihrem inzwischen paradigmatischen Aufsatz anführen.[21] Sie lautet: Wenn Gesellschaften einen gewissen Grad der Differenzierung erreicht haben, dann gibt es verschiedene Positionen, mit denen höhere oder

---

vorfindlichen Teilchen und Festkörper bekannt. Ein solcher Geist könnte alles genau vorhersagen und ebenso klar deutlich machen, was jemals war und warum es war. Dieses Bild repräsentiert tatsächlich den strengsten Determinismus. P. S. Laplace (1749–1827).

21 K. Davis und W. E. Moore: Einige Prinzipien der sozialen Schichtung, in H. Hartmann (Hrsg.): Moderne amerikanische Soziologie. Neuere Beiträge zur soziologischen Theorie, Stuttgart 1967, S. 347 ff. (Orginal 1945).

geringere Grade der Anforderungen verbunden sind. Um Personen zu gewinnen, die das entsprechende Talent aufweisen und bereit sind, die „Kosten" für den Aufwand an Lehre und Bildung für Positionen mit höheren Anforderungen auf sich zu nehmen, müssen ihnen „Gratifikationen" in Aussicht gestellt werden. Das kann ein höherer Grad des Einkommens, der Ehre und/oder der Macht sein. Damit ergibt sich eine Hierarchie der Gratifikationen, die mit den jeweiligen Positionen verbunden sind. Daraus folgt: Alle etwas differenzierteren Gesellschaften in der Geschichte stellen *geschichtete Leistungsgesellschaften* dar. Stehen allerdings genügend Talente zur Verfügung, dann funktioniert dieses Prinzip nicht so reibungslos.

In der deutschen Soziologie der Nachkriegszeit, so hat sich abgezeichnet, gibt es eine Reihe von ebenso kennzeichnenden wie durchgängigen Thesen, welche die Klassen in der Theorie verschwinden lassen. Sie sind nicht zuletzt gegen die Klassentheorie von Marx gerichtet. Aber es wird auch eine Bewegung in Bereiche „jenseits von Marx *und* Weber" (U. Beck) verkündet. Um daran in modifizierter Form zu erinnern:

(a) Marx' Prognose, die Gruppen in „mittleren Lagen" (Zwischenklassen) würden im Verlauf der kapitalistischen Entwicklung und der ihr immanenten Klassenkonflikte zwischen Kapitalherren und Proletariern aufgerieben, hat sich nicht bestätigt. Die Voraussage mag ein gutes Stück weit für das klassische Besitz- und Bildungsbürgertum ebenso gelten wie für die Zunfthandwerker, Kleinbauern und Einzelhändler (z.B. in den klassischen „Kolonialwarenläden") gelten, aber an deren Stelle ist ein neuer Mittelstand getreten: angestellte Büroarbeiter, Beamte, Landwirte als Betriebsführer mit Gewinnorientierung, kleine und große Handwerksbetriebe etc. Dieser geschichtliche Befund ist in seinen Grundzügen zweifellos stichhaltig, aber seine Funktion als Falsifikator für die Klassentheorie von Marx m. E. entschieden weniger. Denn er hängt stark von der Reduktion der surplustheoretischen Klassenanalyse im Anschluss an die Kritik der politischen Ökonomie auf das dichotomische Zwei-Klassen-Schema ab. Ich habe jedoch zu zeigen versucht, dass es der Rekurs auf das Schema des Kapitalkreislaufes umstandslos erlaubt, eine historisch entschieden differenzierteren Eindruck von Klassenlagen im Kapitalismus zu vermitteln. Wieviel Klassen in einer Untersuchung berücksichtigt werden, bedeutet ohnehin eine Konsequenz der Ebene der Abstraktion, worauf sich die jeweilige Untersuchung der Ungleichheitsstruktur bewegt.

(b) Seiner Zeit gerecht legt Marx einen starken Akzent auf das Schicksal des *Industrie*proletariats und knüpft weitgehende Hoffnungen an die Arbeiterbewegung. Das Industrieproletariat hat im 19. Jahrhundert in der Tat nicht nur die „Arbeiterfrage" als Bezugsproblem der Sozialpolitik aufgeworfen, sondern darüber hinaus auch politisch partiell erfolgreiche Kämpfe um die Interessen der lohnabhängig Beschäftigten in Gang gehalten. Es handelte sich um Kämpfe, die sich bis zu revolutionären Bewegungen zuspitzen konnten (Oktoberrevolution; Revolutionsbestrebungen in Deutschland nach dem Ersten Weltkrieg etc.). Heutzutage haben in der BRD weder Klassenkämpfe, noch die Rhetoriken des Klassenkampfes auch nur annähernd die Bedeutung, die sie einmal hatten. Das heißt aber nicht, dass der Mechanismus der Surplusappropriation – nicht nur in „kapitalistischen" Ländern – aufgrund der gesellschaftlichen Veränderungen seine Bedeutung verloren hätte.

(c) Doch mehr und mehr setzten sich in der Tat Entwicklungen in der Produktionsweise durch, welche das überlieferte Bild von der Industriegesellschaft grundsätzlich in Frage stellten. So ist zum einen der „primäre Sektor" der Wirtschaft, (Landwirtschaft und der Bergbau), also jener Bereich, welcher den Typus der Agrargesellschaft in all ihren Variationen prägte, immer weiter geschrumpft. Die ihrerseits industrialisierte und mechanisierte Landwirtschaft sichert in den hoch entwickelten Gesellschaften mit immer weniger (Klein-)Betrieben ein hohes Versorgungsniveau der Bevölkerung.

(d) Zum anderen haben sich auch im sekundären (industriellen) Sektor einschneidende Veränderungen abgespielt. Der Konkurrenzkapitalismus – den es in seiner „reinen" Form nie gegeben hat – wird durch den Monopolkapitalismus mit seinen globalisierten Betrieben abgelöst. Die Kontrolle der Betriebe durch ihre Besitzer ist weitgehend von der Managerkontrolle abgelöst worden, wobei die Manager den *shareholder value* zu maximieren haben.

(e) Schließlich erfährt der tertiäre Sektor eine so starke Ausdehnung, dass die Gesellschaft der jüngeren Vergangenheit und der Gegenwart als *Dienstleistungsgesellschaft* bezeichnet werden kann. Der IT-Sektor im Dienstleistungsbereich wurde und wird als die zukunftstragende Technologie immer weiter ausgebaut. Der KI wird inzwischen eine Revolutionierung der Arbeitswelt nachgesagt, die der Einführung der Maschinen in der Entstehungsphase der Fabriken nicht nachsteht.

(f) Gleichzeitig ist der Anteil der Staatsaktivitäten am Bruttosozialprodukt gestiegen. Von daher ist auch vom modernen *Interventionsstaat* die Rede. Nicht nur in der Hochphase des Neo-Liberalismus gibt jedoch die gegen Staatsaktivitäten gerichtete *Deregulierung* ein zentrales politisches Ziel ab. Die Finanzkrise und deren Folgen haben Bild und Einstellungen etwas verändert. Seit und mit der Coronapandemie ist der Ruf nach staatlicher Hilfe und Ausgleichszahlung stärker geworden, so dass inzwischen sogar die schwarze Null errötet.

(g) Als eines der stärksten Argumente wider Marx'sche Prognosen gilt der wachsende Wohlstand der unteren Klassen und Schichten im Zuge der Entwicklung des Kapitalismus zur *Wohlstandsgesellschaft*. Dabei wird eine weitreichende Angleichung der Konsumstile der Verbraucher registriert. Das – so lautet die These – trägt entscheidend zu einer Auflösung klassischer proletarischer Milieus, gleichsam zur Verbürgerlichung der Unterklassen (*l'embourgeoisement*) bei.

Nach meiner Auffassung impliziert die Inanspruchnahme solcher Tendenzen als Todesanzeige für die Klassen vor allem drei strittige Prämissen:

1. Die Annahme, dass der historische Einzugsbereich des überlieferten Klassenbegriffs auf die frühe Phase der Industrialisierung – zuerst in England – zu beschränken ist. Es handelt sich um die Phase der Entstehung des ausgebeuteten Industrieproletariats und dessen offenkundiger Verelendung.
2. Marx' Klassenbegriff wird auf seine zweifellos phasenweise außerordentlich weit verbreitete und politisch einflussreiche *ökonomistische* Version zurückgeführt. Deren schlichteste Formel lautet: Die ökonomische Basis (bzw. ökonomische Interessen) *determiniert* (*determinieren*) die geistigen Inhalte des Überbaus. Alternative Deutungshypothesen werden nicht überprüft.
3. Zum Proletariat als Klasse gehört das Schicksal entrechteter Arbeiter, deren Existenzbedingungen in der Verelendung ausmünden. Daher hat sich mit der gesamten Entwicklung zur Wohlstandsgesellschaft „des Westens" das Gewicht dieser Klasse einschneidend verringert. Auch die Unterscheidung zwischen Arbeitnehmern und Arbeitgebern, so müsste eigentlich behauptet werden, kann nicht einfach mit Marx' dichotomischen Klassenschema von Lohnarbeit und Kapital in Verbindung gebracht werden. Es handelt sich dabei vielmehr um notwendige

> „Produktionsfaktoren". Wagemutige und wenig risikoscheue Personen, die zu Unternehmungen bereit waren, gab es immer schon in der Geschichte.

Inzwischen hat der Elan deutlich nachgelassen, mit dem die Entsorgung der Klassen durch sozialwissenschaftliche Theorie vorangetrieben wurde. Allenthalben ist von der immer weiter auseinanderklaffenden Schere zwischen arm und superreich, von der höchst erfolgreichen Abwehr einer Reichensteuer durch machtvolle Lobbies, von der gelingenden Diskriminierung von Ansprüchen auf Verteilungsgerechtigkeit als Neidkomplex etc. zu hören. In der Soziologie und Sozialphilosophie erscheinen jedoch wieder Texte, die auf den Klassenbegriff und Klassentheorie zurückgreifen.[22] Alles dies und mehr deutet darauf hin, dass der Kampf um das Surplusprodukt zwar seine historische Qualität verändert hat, aber beileibe nicht stillgestellt ist.

---

22 Vgl. z.B. J. Jessen: Fegefeuer des Marktes. Die Zukunft des Kapitalismus, München 2006; H. Bude: Die Ausgeschlossenen. Das Ende vom Traum einer gerechten Gesellschaft, München 2008; Chr. Butterwegge: Ungleichheit in der Klassengesellschaft, Köln 2020.

Literatur

Th. W. Adorno: Soziologische Schriften I, Frankfurt a.M. 1979.

–: Einleitung in die Soziologie, Frankfurt a.M. 1993.

U. Beck: Jenseits von Stand und Klasse? Soziale Ungleichheit, gesellschaftliche Individualisierungsprozesse und die Entstehung neuer sozialer Formationen und Identitäten, in: R. Kreckel (Hrsg.): Soziale Ungleichheiten, Soziale Welt, Sonderband 2, Göttingen 1983.

–: Die Risikogesellschaft. Auf dem Weg in eine andere Moderne, Frankfurt a.M. 1986.

–: Die Erfindung des Politischen, Frankfurt a.M. 1993.

D. Bell: Die nachindustrielle Gesellschaft, Frankfurt a.M. 1975.

M. Bolte/ St. Hradil: Soziale Ungleichheit in der Bundesrepublik, 4. Auflage, Opladen 1984.

P. Bourdieu: Entwurf einer Theorie der Praxis auf der ethnologischen Grundlage der kabylischen Gesellschaft, Frankfurt a.M. 1979.

–: Die feinen Unterschiede. Kritik der gesellschaftlichen Urteilskraft, Frankfurt a.M. 1983.

–: Ökonomisches Kapital, kulturelles Kapital, soziales Kapital, in: R. Kreckel (Hrsg.): Soziale Ungleichheiten, Soziale Welt, Göttingen 1983, S. 183 ff.

D. Braunstein: Adornos Kritik der politischen Ökonomie, Bielefeld 2011.

H. Bude: Die Ausgeschlossenen. Das Ende vom Traum einer gerechten Gesellschaft, München 2008.

Chr. Butterwegge: Ungleichheit in der Klassengesellschaft, Köln 2020.

M. T. Cicero: De officiis – Vom pflichtgemäßen Handeln, Stuttgart 1976.

R. Dahrendorf: Gesellschaft und Freiheit. Zur soziologischen Analyse der Gegenwart, München 1962.

–: Klassen und Klassenkonflikte in der industriellen Gesellschaft, Stuttgart 1977.

K. Davis/W. E. Moore: Einige Prinzipien der sozialen Schichtung, in H. Hartmann (Hrsg.): Moderne amerikanische Soziologie. Neuere Beiträge zur soziologischen Theorie, Stuttgart 1967, S. 347 ff.

Datenreport des Statistischen Bundesamtes von 2018. Sozialbericht für Deutschland.

Th. Geiger: Klassengesellschaft im Schmelztiegel, Köln/Hagen 1949.

R. Geißler: Die Sozialstruktur Deutschlands. Ein Studienbuch zur Entwicklung im geteilten und vereinten Deutschland Opladen 1992.

–: Die Sozialstruktur Deutschlands. Die gesellschaftliche Entwicklung vor und nach der Vereinigung, 3. Auflage, Wiesbaden 2002.

A. Giddens: Die Konstitution der Gesellschaft, Frankfurt/New York 1988.

J. H. Goldthorpe et altera: The Affluent Worker, 3 Bände, Cambridge 1968 und 1969.

A. Gouldner: Die Intelligenz als neue Klasse – 16 Thesen zur Zukunft der Intellektuellen und der technischen Intelligenz, Frankfurt a.M./ New York 1980.

G. W. F. Hegel: Werke in zwanzig Bänden, Frankfurt a.M. 1970.

St. Hradil: Soziale Ungleichheit in Deutschland, Wiesbaden 2005 (8. Auflage).

Institut f. Sozialforschung: Soziologische Exkurse. Nach Vorträgen und Diskussionen, Frankfurt a.M. 1956.

J. Jessen (Hrsg.): Fegefeuer des Marktes. Die Zukunft des Kapitalismus, München 2006.

I. Kant: Werke in sechs Bänden (Ed. Weischedel), Darmstadt 1963.

R. König (Hrsg.): Fischer-Lexikon „Soziologie“, Frankfurt a.M. 1958.

A. Kühn: Stalins Enkel, Maos Söhne. Die Lebenswelt der K-Gruppen in der Bundesrepublik der 70er Jahre, Frankfurt a.M./New York 2004.

H. Lefebvre: Kritik des Alltagslebens, Kronberg/Ts. 1977.

G. Marshall: Repositioning Class – social inequality in industrial societies, London 1977.

K. Marx/F. Engels: MEW.

G. H. Mead: Geist, Identität und Gesellschaft aus der Sicht des Sozialbehaviorismus, Frankfurt a.M. 1968.

C. Wright Mills: Die amerikanische Elite, Hamburg 1962.

J. Pakulski/M. Waters: The Death of Class, London 1996.

Th. Piketty: Das Kapital im 21. Jahrhundert, München 2020.

J. Rawls: Eine Theorie der Gerechtigkeit, Frankfurt a.M. 1979.

N. Rescher: Dialectics. A Classical Approach to Inquiry, Heusenstamm 2007.

J. Ritsert: Soziale Klassen, Münster 1998.

–: Schlüsselprobleme der Gesellschaftstheorie. Individuum und Gesellschaft – Soziale Ungleichheit – Modernisierung, Wiesbaden 2009.

–: Reichtum, Macht und Ehre, Münster 2018.

M. M. Rosental: Die dialektische Methode der politischen Ökonomie von Karl Marx, Berlin 1973.

L. Rudas: Die Klassenbewusstseinstheorie von Lukacs, Teil I, in: Arbeiterliteratur, Wien 1924, Heft 10.

H. Schelsky: Auf der Suche nach Wirklichkeit, Gesammelte Aufsätze, Düsseldorf/Köln 1965.

G. Thien: Klassentheorien – Die letzten 50 Jahre, in: Prokla – Zeitschrift für kritische Sozialwissenschaft, 44. Jg., Heft 175, S. 163 ff.

A. Touraine: Die postindustrielle Gesellschaft, Frankfurt a.M. 1972.

J. Vogl: Das Gespenst des Kapitals, Zürich 2010/2011.

M. Weber: Die »Objektivität« sozialwissenschaftlicher und sozialpolitischer Erkenntnis, in ders.: Gesammelte Aufsätze zur Wissenschaftslehre, Tübingen 1922 ff.

–: Wirtschaft und Gesellschaft. Grundriss der verstehenden Soziologie (Studienausgabe in zwei Halbbänden; Ed. Winckelmann), Tübingen 1964.

L. Wittgenstein: Philosophische Untersuchungen, Frankfurt a.M. 1967.

E. O. Wright: Class Counts, Cambridge 1997.

EINSTIEGE

Grundbegriffe der Sozialphilosophie und Gesellschaftstheorie

Information nach der Verordnung zur allgemeinen Produktsicherheit GPSR: Dieses Buch hat weder Beigaben noch ergänzende Funktionen und daher keine Bestandteile oder Eigenschaften, die ein mögliches Risiko für die Gesundheit von Verbraucher:innen (Artikel 9 Absatz 7 Satz 2 der Verordnung) darstellen können.